玉·器

廖宗廷　周征宇　廖冠琳　景璀　**编著**

图书在版编目(CIP)数据

玉·器/廖宗廷等编著.—武汉:中国地质大学出版社,2022.7
ISBN 978-7-5625-5328-1

Ⅰ.①玉… Ⅱ.①廖… Ⅲ.①玉器-基本知识 Ⅳ.①K876.8

中国版本图书馆 CIP 数据核字(2022)第 124081 号

玉·器	廖宗廷 周征宇 廖冠琳 景璀 编著	
责任编辑:郑济飞		责任校对:张咏梅

出版发行:中国地质大学出版社(武汉市洪山区鲁磨路388号) 邮编:430074
电　　话:(027)67883511　　传真:(027)67883580　　E-mail:cbb@cug.edu.cn
经　　销:全国新华书店　　　　　　　　　　　　　　　　http://cugp.cug.edu.cn

开本:787mm×960mm　1/16　　　　　　　　字数:212千字　　印张:10.5
版次:2022年7月第1版　　　　　　　　　　印次:2022年7月第1次印刷
印刷:湖北睿智印务有限公司

ISBN 978-7-5625-5328-1　　　　　　　　　　　　　　　　定价:68.00 元

如有印装质量问题请与印刷厂联系调换

序

著名社会学家、民族学家、中国社会学家和人类学家费孝通先生曾将玉器作为中华文化区别于西方文化的关键要素。他曾指出，玉器在中国历史上曾经有过很重要的地位，这是西方文化所没有或少见的。英国著名学者李约瑟也曾说过："中国人对玉器的爱好，可以说是中国文化的特色之一。"中华民族对玉的崇拜有十分悠久的历史，从原始社会时期文化遗址中出土的观天玉管、图腾玉玦、玉龙、玉凤，到礼天地四方的玉璧、玉琮、玉圭、玉璜、玉璋、玉琥，再到先秦和帝制时期使用的玉兵器、玉礼器、玉佩饰等，玉器贯穿于中华文明的历史长河之中。"君子比德于玉"几乎成为很多中国人修身养性的座右铭。不论朝代如何更替，人世如何变迁，玉材的神秘与通灵、玉器的凝重与庄严、玉文化的广博与厚重，始终是中华民族追求的审美对象。

玉器由什么材料制成，如何加工制作玉器，历史上出现过哪些玉器，玉器的历史发展如何，如何审美玉器，如何鉴藏玉器，等等，这是所有爱好玉器的人所关心的，也是青年学生需要掌握的基本知识。本书在简要介绍玉器相关基本概念的基础上，系统介绍了玉器的材料、加工、分类、历史、审美、鉴藏等知识，既科普了玉器的知识，也弘扬了中国优秀的传统文化，寓知识性、科学性、历史性、文化性、欣赏性于一体。本书既可作为大专院校通识教育的教学用书，也可作为广大玉器爱好者的参考用书。

本书得到同济大学宝玉石学科发展基金、苏邦俊博物馆及历史文化研究基金和上海市科学技术委员会课题的资助（课题编号：12DZ2251100），也是同济大学珠宝文化研究中心和上海宝石及材料工艺学工程技术研究中心的研究成果之一。感谢樊军民、方子亮、何马、葛洪玉、刘晓波、刘海、李博生、马洪伟、任永辉、宋世义、唐帅、吴德昇、王觉、谢林、俞挺、杨曦、庄庆芳（按拼音字母表顺序排名）等玉雕大师或收藏家以及腾冲雷隆商贸有限责任公司（雷隆翡翠）为本书提供图片。本书还参考引用了大量馆藏图片，包括北京故宫博物院馆藏玉器图片、中国国家博物馆馆藏玉器图片、上海博物馆馆藏玉器图片、浙江良渚博物院馆藏玉器图片、台北故宫博物院馆藏玉器图片、山西博物院馆藏玉器图片、济南市长清区博物馆馆藏玉器图片、四川广汉三星堆博物馆馆藏玉器图片、甘肃陇西县博物馆馆藏玉器图片、甘肃临洮县博物馆馆藏玉器图片、唐帅艺术馆图片等。在编撰过程中曾请教过众多相关领域专家、学者、教授和从业人员,在此,对直接或间接对本书提供资助、支持、帮助和鼓励的单位、专家、学者一并表示衷心感谢!

廖宗廷
2022 年 6 月

目 录

第一章 绪 论 ·· (1)
  第一节 相关概念 ··· (1)
  第二节 玉器研究 ··· (5)

第二章 材 料 ·· (8)
  第一节 玉石概念 ··· (8)
  第二节 玉石基本性质 ·· (13)
  第三节 常见玉石材料 ·· (20)

第三章 加 工 ·· (37)
  第一节 工艺特点及技术要求 ·· (37)
  第二节 设备、工具及工艺材料 ··· (39)
  第三节 工 序 ·· (42)
  第四节 纹饰及图案 ··· (47)

第四章 分 类 ·· (58)
  第一节 基于材料 ·· (58)
  第二节 基于用途 ·· (59)
  第三节 基于其他 ·· (82)

第五章 历 史 ·· (91)
  第一节 原始社会时期 ·· (91)
  第二节 先秦时期 ··· (100)
  第三节 帝制时期 ··· (104)
  第四节 近现代时期 ·· (115)

第六章 审 美 ··· (122)
  第一节 美与审美 ··· (122)
  第二节 玉器审美 ··· (130)

第七章 鉴藏 …………………………………………………（141）
　第一节 鉴别 …………………………………………………（141）
　第二节 评价 …………………………………………………（145）
　第三节 收藏 …………………………………………………（149）
主要参考文献 ……………………………………………………（160）

第一章 绪 论

起源于距今近万年前的玉器,是中国特有的玉文化载体和集中体现,它有一个十分漫长而绵延不断的发生、发展及演进过程。玉器古老的源头可能遍于我国的北、东、南、西,当然其出现的时间、辐射的力度和波及的范围各不相同,并互为碰撞交流,以致融合、蜕变(杨伯达,2001)。玉器不仅在中国古代国家的形成、政治理论的建立、上层建筑的巩固、宗教的产生、文化思想的传播等过程中发挥了极其重要又不可替代的作用,还逐渐成为广大人民群众装饰、鉴赏、收藏的重要对象。

第一节 相关概念

玉是什么,玉器又是什么,玉和玉器是怎样的一种关系,这些都是在玉器鉴赏中需要了解的问题,对这些问题的了解,有助于对玉器进行研究和鉴赏。

1. 玉与玉器

我们要了解什么是玉,需要从"玉"的起源着手。"玉"字最早出现在甲骨文和钟鼎文中。"玉"字是象形字,"像三玉之连",即三块美玉用一根丝绳贯穿起来。所谓"三"在中国文化中并非专指数字"三",在很多情况下是"多"的意思,如"三人行,必有我师焉"。在甲骨文和钟鼎文中,"三横"也是由"五横""四横"简化而来,"一竖"是由"丫"形简化而得。"玉"字是丰型,在古文字中,"玉"字没有一点,而是写成"王",和帝王的"王'字共享一字,都是三横一竖。董仲舒说:"古之造字者,三画而连其中,谓之王。三者,天地人也。而参通之者,王也"(段玉裁,1981)。后因美玉常有瑕疵,故在"王"字旁边加一点,成了"玉"字,一则表示瑕疵,二则与王字区别。因此,汉字中凡是以"王"字作为偏旁的字均有美玉、美石、玉之音、玉之器形等意思。汉字曾造出从"玉"的字近500个,这些字均与玉相关,或为美玉、或为玉之音、或为玉之器、或为玉之用等,而汉字中表示珍宝之意的也与玉有关,后世流传的"宝"字,即是"玉"和"家"的合字。由此可见,中国传统文化中的玉不仅是指美的材料,而且有丰富的传统文化内涵。

我们要了解什么是玉器,首先需要了解"器"字的内涵。《说文解字》曰:"器,皿。字形像器之口,是看家犬看守的容具。"《汉语字典》将"器"释为器具、器官、度量、才能、器重等。从本意上讲,器主要是指器具,同时也有其他引申的含义。因此,在玉石学中,与玉文化相关的"器",除了表示由玉料制成的器具外,还可指由玉料制成的一切东西。

在中国玉文化中,"玉"和"器"的含义均很复杂,同时还有玉与器同称的现象,"玉"字包含了玉料和玉器两方面的含义,因此在一些古籍中,玉既代表玉料又代表玉器。玉含义的复杂性也体现在古代先贤对玉与玉器的阐释之中,如《礼记·聘义》载孔子曰:"夫昔者,君子比德于玉焉,温润而泽,仁也;缜密以栗,知也;廉而不刿,义也;垂之如队,礼也;叩之,其声清越以长,其终诎然,乐也;瑕不掩瑜,瑜不掩瑕,忠也;孚尹旁达,信也;气如白虹,天也;精神见于山川,地也;圭璋特达,德也;天下莫不贵者,道也。诗云:言念君子,温其如玉,故君子贵之也。"这是孔子从儒学角度用拟人手法阐释玉和玉器的概念。《周礼·春官·大宗伯》曰:"以玉作六瑞,以等邦国;以玉作六器,以礼天地四方。"这句话说的则是用玉料做成的器物以及玉器的社会功能。从中国现代玉石学研究的角度来看,玉和玉器是既有联系又有区别的两个不同层次的概念。玉是由成矿作用形成的自然矿物集合体,玉器则是用玉料加工制作的艺术品和工艺品,两者是有区别的。上升到中国文化层面,诸如"温润而泽""缜密以栗""廉而不刿""其声舒扬""不挠而折"等说法,实际上是对玉料自然属性的一种描述和诠释;而"仁、知、义、礼、乐、忠、信、天、地、德、道"等说法,则是一种人文理念的比附和赋予。也正是因为有了这样的比附和赋予,玉这种美丽的自然物才具备了丰富的人文理念,从这个意义上说,玉和玉器在概念上又有一致性。

2. 广义的玉和狭义的玉

为了方便理解,自然矿物的集合体可以简单地分为玉和非玉,主要差别在于玉外表美观,而且是相对较为单一的、结构缜密的矿物集合体;非玉往往其貌不扬,是成分复杂多样、结构相对疏松的矿物集合体。在一般人眼中,玉与非玉除了美与不美的区别外,其他方面基本是一致的,美石为玉等说法就是证明。更有许多人认为,中国古代由于科学技术落后,对玉与非玉的认识不足,因此导致对玉与非玉的概念不清。这实际上是一种严重误解,是对中国古代关于玉与非玉认识水平的低估。许慎《说文解字》释玉曰:"玉,石之美,有五德。润泽以温,仁之方也;鳃理自外,可以知中,义之方也;其声舒扬,专以远闻,智之方也;不挠而折,勇之方也;锐廉而不忮,洁之方也。"即石美者必须有五德才是玉,我们不能断章取义,只说石之美者就为玉。通过笔者考证,在石之美者基础上同时具备五德者,可能只有和田玉才能达到,即所谓真玉。

实际上，中国古代关于玉与非玉的认识有悠久的历史。《说文解字》中的玉部字就对玉与非玉作了明确阐述。在玉部字中，其一是玉也，如璙、瓘、璥、琠等；其二是美玉也，如璐、瑾、瑜、璿、琳等；其三是玉石相间，如瓂，成分为三玉二石；其四是石之次玉也，如玖、珣等；其五，石之似玉也，如珢、瑀、瓅等；其六，石之美者，如碧、琨、珉等。加之《礼记·聘义》中孔子与学生关于"贵玉而贱珉"的对话，可见中国古代就对玉与非玉有清楚的认识。著名考古学家夏鼐(1985)曾指出："考古学中使用的玉概念，应为闪石玉(和田玉)和辉石玉(硬玉)两种"，这也是中国古代对玉认识高水平的佐证。

但是，在中华近万年纷繁复杂的玉器大家族中，使用过的玉石材料，除了闪石玉和辉石玉外，还有其他许多的材料，这就涉及对广义玉和狭义玉概念的理解。根据已有玉石学的研究成果，我国古代所使用的玉即广义的玉，而著名考古学家夏鼐(1985)在考古研究中使用的玉的概念即狭义的玉概念。广义的玉一是指一切由一种或多种矿物组成的具有美观、耐久、稀少性和工艺价值，能用来雕琢玉器工艺品或做其他珠宝饰品的多晶质和非晶质材料；二是指一些能用来雕琢玉器工艺品的单矿物晶体或矿物晶体碎块。广义的玉包括大家熟知的和田玉、翡翠，也包括市场常见的玛瑙、岫玉、独山玉、青金石、绿松石、孔雀石等，还包括水晶、红宝石、珊瑚、琥珀等。狭义的玉仅指和田玉(软玉)和翡翠(硬玉)。从历代出土玉器使用的玉材看，我国古代所理解的玉主要为广义的玉。

3. 玉与石

玉与石的分化的问题，其实就是玉器的起源问题，是美与俗、灵与顽、神与凡的概念分化。据考察，在旧石器时代早期，就发现了原始人类用水晶、玛瑙、玉髓、蛇纹石玉等打制的石器，但这并不代表广义的玉概念已经形成。从理论角度，玉质石器与玉器是完全不同的两个概念。在旧石器时代的远古人类眼中，用玉打制的石器与用其他材料打制的石器没有任何质的区别，这可以从当时石器的种类和用途上得到验证。旧石器时代晚期虽然出现了部分"美石"做成的装饰品，但在大致相同时期内仍然存在着大量非"美石"类装饰品，目前还难以看出两者在功能和含义上的确切差异。从工艺流程的角度说，陶器、铜器、铁器等在其成形之前必须经过陶土选配锻烧或矿石开采、冶炼等过程，所以当最初的陶器、青铜器或铁器被发现时，因其材料本身已蕴含着人类智慧的结晶，可以毫不含糊地宣称此类器物起源于某时。玉器则不然，由于玉料本身具有不可再塑的特性，玉器本身又是一种特殊材质的岩石制品，是自然材料的直接人文化。所以，只有当人们在理念上形成了广义玉概念，玉制品才能成为完全意义上的玉器。那么，广义的玉概念是在什么时候形成的，或者说人类自何时开始把广义的玉当作玉来看待的呢？由于最初的玉器大多是从普通的装饰品、生产工具或兵器中分化出来的，在很长一段时期都与其祖型在外观造型上保持着相同或相似性。所以,判断玉石分化应从玉制品因内涵变化而导致外在形态的细微变化处入手。判断玉石分化可依据三个方面:一是材料分化,即人们已经能够比较准确地选择、区分用于制造石器和玉器的材料;二是用途分化,玉器在用途上被比较普遍地赋予特定的社会功能而不再作为实用工具;三是工艺分化,玉器因赋有特定、神圣的社会功能,工艺要求明显高于普通石器,做工精细,形制规整,磨光度好。

简单地说,当人们比较普遍地从玉石材料、用途和工艺等方面将广义玉器制品与其他石制品区别开来的时候,广义的玉概念便形成了。换言之,当人们形成了广义玉概念,玉器也就正式从普通意义上的石器中分化出来了。

4. "真玉"与"非真玉"

在中国古代,虽然缺乏科学知识和研究手段,但聪明的古人在长期实践中发现了玉与非玉的异同,更发现了真玉的优良品质。为了区分玉与其他玉石,古人提出了"真玉"的概念。由于历史久远,古代提出"真玉"概念的动机又无明确的文字记载,因此业内对"真玉"的内涵一直存在争议。不同的人或站在不同的立场,或基于不同的目的,提出了不同的看法。查阅相关文献,迄今为止,对真玉的主要认识有:第一,指和田玉;第二,指和田玉和翡翠;第三,专指新疆和田玉;第四,指和田玉、翡翠、独山玉和蛇纹石玉;第五,指和田玉、翡翠、独山玉、蛇纹石玉以及其他一切可制作工艺品的玉石。真可谓众说纷纭,莫衷一是。但从历史文献分析,古人所称的"真玉"指的应该是透闪石玉,即和田玉,当然不是专指新疆和田地区产的和田玉。对此,可作如下考证,以证明笔者所持观点。

第一,东汉许慎在《说文解字》中给玉下了明确的定义,即"玉,石之美,有五德"。从这一定义分析,玉不但具有美丽的外观,而且具有明确的质量标准,即除颜色美外,还要求温润而有光泽;内外结构一致;声音清越舒扬;质地坚硬细密;色纯而洁净。另外,《说文解字》中的玉部字基本上是按类排列的,先后顺序为"玉""美玉""石之次玉者""石之似玉者""石之美者"。从中可以看出,古人可以清楚地区别玉及非玉美石,仅"石之美者"并不是玉,只有"石之美者"同时具有"五德"的才是玉。

第二,从许慎的定义看,"五德"是玉的基本特性。《礼记》《管子》对玉特征的描述与《说文解字》的描述基本相似,如《礼记·聘义》中有孔子与学生子贡关于玉与珉区别的对话。《周礼注疏》中有汉代郑玄"玉多则重,石多则轻"的注解。唐朝李淳风在《论辨真玉》中对玉色和玉声有更为形象的描述:"其色温润如肥物所染,敲之其声清引若金磬之余音,绝而复起,残声远沉,徐徐方尽,此真玉也。"宋代《李公麟传》记载:"玉质坚甚,非昆吾刀、蟾肪不可治。"宋代周密《齐东野语》记载:"玉人攻玉,必以邢河之沙,其锲镂之具,必用所谓金刚钻者……"从这些论述可知,

"真玉"应该具有如下基本特征:其一,颜色柔和温润,有油脂光泽;其二,有一定的透明度;其三,敲击时能发出舒扬悠远的声音;其四,坚硬致密,普通刀不能进行雕刻;其五,韧性高,弯折不易断;其六,断口不锐利且对人没有伤害;其七,比普通石头的密度大。目前已知的各种玉石材料中,同时具备上述特性的只有和田玉。

第三,由考古发掘可知,我国古代所用玉石材料较多是和田玉。现在不少学者认为古人所说的玉并不专指和田玉,而除此之外的许多美石却有专门的名称,如独山玉、翡翠、玛瑙、青金石、珊瑚、砗磲等。为何其他美石有专有名称,而和田玉没有专门的名称?这可能恰恰证明,古人称的"真玉"就是和田玉。著名考古学家夏鼐(1965)指出,只有和田玉和翡翠制成的器物,才可以称为玉器。

第四,考古证明,翡翠的开采利用始于明末清初。在此之前,中国历代玉器之中是没有翡翠的,因此不难得出结论:翡翠作为"真玉"的说法均是不正确的。

第五,古代和田玉产地很多,而且考古发掘证明,一些产地对和田玉的开采利用比新疆和田玉还要早,如辽宁岫岩满族自治县(简称岫岩县)细玉沟,8200年前的兴隆洼文化中出土的和田玉就采自于此,6500—5000年前的红山文化中出土的和田玉也采自于此,而且质量上乘,符合"石之美者,有五德标准"。因此,古人所说的"真玉"并不专指新疆产的和田玉。

从上述诸方面分析,可以推论古代所说的"真玉"主要是指和田玉。需要说明的是,古人也没有将玉以及同玉相似的美石截然分开,如《说文解字》中的"石之次玉者""石之似玉者""石之美者"等,虽然不是玉,但与玉有相似之处。有些与玉相似的美石,古人也将其称为玉,如水晶称为"水玉",翡翠称为"翡翠玉"等。

第二节 玉器研究

中华先民自古认为:美玉聚天地之灵气,凝日月之光华。不仅能给人带来吉祥福瑞,而且具有特异的物理性能,作为中华文化载体的玉器,承载着中国古代道德、宗教、信仰、情感、意志等诸多精神需求。于是,在西方公认的世界古代文明发展阶段"三段论",即"石器—青铜器—铁器"的基础上,中华文明增加了一个有别于其他民族和地区的独特时代——玉器时代,它是研究我国上古至今玉器文化的重要内容。

1. 研究基础

从新石器时代开始,中国玉器作为一种重要的礼仪用品和工艺美术品得到了长足的发展,历万年而不衰,成为中华文明的重要载体。有学者估算,仅史前玉器,包括考古发现的、传世的和散落于世界各地的中国史前玉器,总数达数十万件,如果加上整个历史时期和现代生产的玉器,中国玉器的总量将是一个极为庞大的数字,这是玉器研究可以依赖的重要实物基础。查阅和检索中国的历史典籍,可以得出这样一种结论:在浩如烟海的历史文献乃至古代小说中,玉器是出现频率最高,内容最丰富、最翔实的一种特殊器物,其他任何器物都没有像玉器那样受到人们的青睐和崇拜。在汉字中,以玉字作偏旁的字也是数量较多的,足以说明玉器在中华文明形成过程中的巨大影响,这是玉器研究的重要文献资料基础。

作为一种文化现象,作为中华文明的重要载体,玉崇拜远非一般的灵物崇拜,而是社会发展过程中有关哲学、美学、神学和社会政治、伦理观念的综合体现,涉及社会不同领域的各个层面,在中华文明史中的地位、影响、作用及其流行时间是其他任何文化都难以比拟的,包含着极其深刻的精神理念和文化底蕴。由玉器在不同文化时期所展现的高度趋同性,可以感受到玉器在中华文明史形成过程中的巨大向心作用,这为玉器研究奠定了扎实的社会基础。

现代哲学、系统学、文化人类学、美术学、地质学、矿物学,特别是现代考古学的充分发展,大批经科学发掘的、埋藏属性、具体位置和共存关系清楚,时代跨度宽泛,品种数量丰富,年代明确的出土玉器,为各类玉器的时代组合、年代定位、性质判定、功能解析等提供了充分的科学依据。不同学科的互相渗透、整合则为玉器研究奠定了方法论基础。

综上所述,开展玉器研究具有扎实的学科基础。就学科分类而言,玉器研究同金石研究、古文字研究、美术考古研究一样,同属历史学和考古学的范畴。不过,玉文化源远流长,至今仍极具活力,玉器的材质又是不同属性的自然矿物集合体,导致玉器研究与现代地质学、材料学、物理学、化学等有着极为密切的关系,因此决定了玉器研究的综合性特征。

2. 研究目的和内容

(1)研究目的。根据不同时期的玉器,多学科、多角度、多层次、全方位地解析玉器在中华文明产生、发展过程中的地位和作用,并就其产生、发展的内在机制和演变规律做出科学的说明,更好地弘扬中华传统文化,更好地为社会主义精神文明和经济建设服务。

(2)研究内容。《易传·系辞上》曰:"形而下者谓之器,形而上者谓之道。""形而下"是指具体的事物(器);"形而上"是指事物(器)所包含的无形的精神本体(道)。玉器主要属于"形而下"范畴,而玉器文化主要属于"形而上"范畴。综合其"形而上"和"形而下"两个方面,本书研究的主要内容如下:①玉器材料,包括各类玉石材料的基本性质、分类、质量评价等。②玉器加工,包括玉器加工的工艺特点及技术要求,设备、工具及工艺材料,工序,纹饰及图案等。③玉器分类,从玉石材料、用途、时间、空间、工艺等角度对玉器进行分类,以对中国玉器有更为全面的了解。④玉器历史,对各重要时期的玉器和玉文化史作简要描述。⑤玉器审美,以中华玉文化为基础,简要阐述玉器审美的基本内容。⑥玉器鉴藏,对玉器真假鉴别、价值评价和收藏作简要描述。

3. 研究方法与手段

玉器研究具有边缘科学和综合学科属性,决定了玉器研究方法的多样性,综合了地质学、材料学、艺术学、历史、考古学、美学、哲学、神学、宗教、伦理、文化、社会学、人类学和系统学等诸多方面。就学科的发展现状而言,现阶段应以宝玉石学、哲学、美学、考古学、文化人类学和系统学的理论方法为基本方法,将玉器纳入其特定的历史环境,进行科学、全面的综合研究,并在学科发展和研究工作的实践过程中,逐步提炼、归纳出具学科特点的基本理论和方法。

4. 回顾与展望

人类制作玉器已有近万年的历史。历史上,全世界有3个地方以玉器而闻名,即中国、中美洲(主要是墨西哥)和新西兰。中国玉器的产生可以追溯到石器时代,迄今为止,在全国范围内已发现新石器时代遗址数千处,其中大多数文化遗址中都出土过玉器。当时,人们对玉石的选择和加工已经产生了许多原始的、不系统的认识,可以说玉器研究的历史已十分久远。

随着社会的发展,玉器与社会发展及其思想文化意识联系在一起,产生了一些既有一定科学含义又包含有丰富的统治阶级思想色彩的学说,开始于夏商周三代的"六器""六瑞"理论即是典型。《周礼》《仪礼》和《礼记》(简称三礼)对玉器的阐述和"玉德学说"的兴起成为中国玉器研究从发生、发展到上升的第一个辉煌顶峰。宋代,随着金石学的出现,玉器步入士大夫的考证范围,吕大临的《考古图》第八卷开玉器研究的先河。其后,有元代朱德润的《古玉图》,明代曹昭的《格古要论》,高濂的《遵生八笺·燕闲清赏笺》,清代吴大澂的《古玉图考》,陈性的《玉论》,民国刘大同的《古玉辨》等,说明中国玉器的研究在逐渐展开。

中国改革开放40多年来,玉器与玉文化研究快速发展,许多学者在理论上对一些重大基础性问题进行了新探索,提出了许多新主张;在实践上对经济、政治、文化、社会、生态等领域的有关问题均有所回应和探究。在习近平新时代中国特色社会主义时期,玉器研究正肩负起时代赋予的新使命,玉器研究和创作正在为重塑中华民族的文化自信、为实现中华民族伟大复兴的中国梦不断做出新贡献,展现出十分美好的发展前景。

第二章　材　料

　　《礼记·中庸》曰："天命之谓性,率性之谓道。"玉石材料作为玉器设计创意、加工制作和价值评价的主要载体,直接影响人们对玉器的审美判断。中国历史上还长期将玉石材料所固有的矿物岩石学性质与当时社会对于善恶、是非、荣辱、美丑等观念糅合在一起,加以拟人的解释,作为评价、判断人们行为的标准。因此,在利用各种玉石材料进行玉器设计创意、加工制作时,应高度关注玉石材料的矿物岩石学特征及其艺术表现力,主要包括化学成分、矿物成分、物理性质、属性与价值等,还包括人类赋予玉石材料的情感和文化象征等审美特性,努力实现玉石材料精神属性与实用功能的和谐统一。

第一节　玉石概念

　　在中国传统审美和玉器加工中,玉石是一个文化内涵丰富而外延动态变化的概念。近代我们开始从矿物学和岩石学的角度界定玉石材料,以现代科学的眼光认识玉石材料,但也仍然高度认同中国传统审美上的玉石观,也就是从感性认识出发的"石之美者",将具有一定硬度、质地细腻、温润、色彩美观的材料一同纳入了玉石材料的范围。

一、什么是玉石

　　什么是玉石?这个问题在宝玉石学界、玉文化学界和考古学界争论已久,是一个似已解决而又未真正形成统一认识的问题。中国古代与现代关于玉石的认识存在较大差别,即使是在现代,不同的学者从不同的角度出发,也往往会得出不同的认识。

1. 古代对玉石的认识

　　由于中国的玉石观念有自然属性和社会双重属性,因而,古人对玉石的认识差别较大,名称很多,究何所指,有时难以决断。根据相关文献资料,中国古代对玉石的认识有如下特征。

　　(1)以色辨玉。玉石被中华民族祖先称为"美石",如东汉许慎在《说文解字》

中有"石之美者"的说法。但美与不美主要表现在外观或颜色上。在当时的特定条件下,古人还不可能从现代科学角度对玉石作本质的定义,只能以直觉为基础,以多数人的喜好和公认的看法为依据,因此,以色辨玉是古人识玉石的一大法则。章鸿钊在《石雅》中写道:"古人辨石,所重在色而不在质。其色相似者,其名恒相袭。"历代描述玉石的古籍,如《渊鉴类涵》《潜确类书》《玉纪》等均将颜色作为辨别玉和进行玉石等级划分的主要依据。《潜确类书》云:"玉有五色,白、黄、碧俱贵。白色如酥者最贵,餐食油然及有雪花者皆次之;黄,贵色,如蒸栗者谓之甘黄者为上,焦黄者次之;碧色青如蓝黑者为上,或有细黑心及色澹者次之;亦有赤玉,红如鸡冠者最贵,而世少见;绿玉,深绿色者为佳,澹者次之;甘青玉其色澹者而带黄;菜玉非青非绿色,如菜叶者最下,墨玉价亦不高。"《玉纪》云:"玉有九色:元如澄水曰璒;蓝如靛沫曰碧;青如鲜苔曰瑾;绿如翠羽曰瓐;黄如蒸栗曰玬;赤如丹砂曰琼;紫如凝血曰璃;黑如墨光曰瑎;白如割肪曰瑳;赤如斑花曰瑛。此新玉古玉自然之本色也。"以上这些说法,都是以色辨玉、以色定名、以色划分等级的具体体现。

(2)玉与器同称。中国的文字往往一字多义,古文尤甚。"玉"字按传统习惯的用法,包含了玉石和玉器两方面的意义。玉石是未经雕琢的原料,玉器则是指已经琢磨而成的器物。这两个概念是不能混用的,但在古籍中,却大多是用一个"玉"概括。玉与器同称这种现象跟古人对玉崇拜的心理有关。玉为人所钟爱,首先就在于它的优良品质,无论琢磨也好,不琢磨也好,发挥作用的是其美质,突出的也是其美质。经学中也曾提到过这个问题,如《礼记·效特性》曰:"大圭不琢,美其质也""玉之美,在其质,由其质"。正因为中国古代人们看重玉石和玉器的质,故玉有没有经过加工就显得不那么重要了。

(3)玉与石已有分别。许慎在《说文解字》中对"玉"的解释很简洁,表达了仅是"石之美者"还不能算作玉,而且还必须具备"五德",五德分别是仁、义、智、勇、洁。所谓"仁",指的是玉具有温润柔和的光泽,表明其富有仁爱之心,能广施恩泽;所谓"义",指的是玉晶莹洁净,其内部结构特征、纹理一览无余,说明玉具有忠义之心;所谓"智",指的是敲击玉,它发出清脆动听的声音,悠扬而悦耳,并传遍四方,犹如将智慧传授给他人;所谓"勇",指的是玉坚硬致密,韧性好,说明玉坚韧不屈,勇敢无比;所谓"洁",指的是玉即使有断口,也不锐利、不伤人,说明玉自身洁净。玉不但具有美丽的外观,而且具有明确的质量标准,即除颜色美外,还要求玉温润而有光泽,内外纹理一致,声音清越舒扬,坚硬细密,色纯而洁净。除《说文解字》外,《礼记·聘义》也表达了同样的关于的玉概念内涵。汉郑玄注《周礼》曰:"玉多则重,石多则轻。"上述论述均表明,中国古代的"玉"与"石"已有区别。

2. 近现代对玉石的认识

1946年,德穆尔(Damour)首次对西方列强八国联军从中国圆明园掠夺至欧洲的"和田玉"和"翡翠"艺术品进行了矿物学研究,并首次得到了这两种材料的矿物学特征和物理化学性质(密度、硬度、化学成分、属性等)数据,他将这两种材料统称为"玉"(Jade),将其中的和田玉命名为Nephrite,将翡翠命名为Jadeite,从此开启了近代研究玉和玉石的先河。虽然古人所指的玉主要是指和田玉,但从古至今,玉石的范围并无精确的界线。玉石是什么,有哪些品种,和单晶体玉石如何区分,玉石与有机玉石关系如何,玉的矿物学标准是什么,这些问题都无明确答案。时至今日,《辞海》还是沿袭了古代传统对玉的解释,将玉石定义为"温润而有光泽的美石"。《中国大百科全书》对玉石的定义是:"自然界中颜色美观、质地细腻坚韧、光泽柔润,由单一矿物或多种矿物组成的岩石,如绿松石、芙蓉石、青金石、欧泊、玛瑙、玉髓、石英岩等"。除德穆尔的研究成果和《中国大百科全书》论述外,还有许多著作提出过关于玉石认识的不同理解,如国家标准《珠宝玉石　名称》(GB/T 16552—2017)对玉石的定义:"玉石是自然界产出的具有美观、耐久、稀少性和工艺价值的矿物集合体,少数为非晶质体";栾秉敖(1984)还对玉石进行了细致的划分,他把玉和玉石分开描述,认为玉仅包括和田玉与翡翠,其中和田玉是透闪石和阳起石组成的品种,翡翠是一种以硬玉矿物为主的品种。至于玛瑙、青金岩、绿松石、孔雀石、独山玉、岫玉、石英岩玉等,一般统称为玉石,不应包括在玉中。另有珊瑚、贝壳、煤精等则被称为"有机玉石"或"动植物玉石"。它们都有温润之光和不可描述之色,能引起人们的爱好之感。

还有一些不同的说法,每种说法都各有各的道理。然而,我们认为,玉在中国不仅仅是地质学上的岩石和矿物,它还是我国传统玉文化的重要载体,内容十分丰富。从中国古人对玉的认识来看,历史上的玉(或真玉)主要是指和田玉;从现代矿物学和岩石学的角度,玉主要包括和田玉与翡翠两种,这种认识已被世界宝石学界普遍认可。但上述玉概念均难以包含我国历史上所实际使用过的众多玉石材料,若单从社会学角度来寻找玉石的定义,将更难以精确界定。另外,从社会学的角度出发,玉和玉石的概念也往往含混不清。从矿物学和宝石学的角度出发,玉或玉石主要是指由一种或多种矿物组成的矿物集合体,而宝石则是指矿物的单个晶体或晶体碎块。但事实上并非如此,在历史上,经常出现玉器由单矿物晶体或单矿物晶体碎块雕琢而成的情况,如水晶雕件就是典型。

基于上述分析,我们认为,对玉石概念的科学表述既应考虑材料的自然属性,又要尊重历史事实,更要高度重视中国传统玉文化。从这一角度出发,玉石是指由一种或多种矿物组成的,具有美观、耐久、稀少性和工艺价值,能用来雕琢玉器艺术品或制作其他珠宝饰品的多晶质和非晶质材料的总称。包括一些能用来雕琢玉器艺术品的单矿物晶体或单矿物晶体碎块,也包括大家熟知的和田玉、翡翠,也包括市场常见的玛瑙、岫玉、独山玉、青金石、绿松石、孔雀石等,还包括水晶、红宝石、珊瑚、琥珀等。

二、玉石的分类

玉石分类的主要目的是把玉石固有的自然属性、社会属性、物质特征和审美标准等用文字和图形信息等系统地固定下来,使之更易为人们理解、记忆,从而更好地为研究玉石的特性和为寻找更多的玉石资源提供理论基础。除此之外,玉石分类的目的还有:探寻玉石材料的自然属性以及相互间的内在联系;了解各种玉石原料的物理性质和化学性质,便于更好地对玉石进行加工和优化处理,以获得更大的经济价值;为更好地寻找天然玉石矿产资源指明方向。

1. 玉石的分类方案

实际上,中国关于玉石的分类已有悠久的历史,如汉代许慎《说文解字》就对玉石进行了分类。《说文解字》中的玉部字就对玉石的定义、分类、功能及其他相关概念等作了阐述(曾卫胜,2010)。虽然对玉石进行分类的历史久远,但至今对玉石的分类尚无公认的统一方案,不同的学者根据不同的目的提出了不同的分类方案。如梁永铭(1979)将宝玉石分为宝石、玉石、工艺石及建筑装饰石料3类;王福泉(1993)将玉石分为玉、玉石和彩石3类;鱼海麟(2000)根据矿物学和岩石学的特征对玉石进行分类,首先按硬度分高硬度玉石和低硬度玉石两个"属",再进一步按矿物组合划分"种",然后按颜色等因素划分"品种";卢保奇(2012)根据玉石的矿物成分和岩石学特征将玉石分为17个类型。各个方案有各自的道理或可取之处,但也都存在一定的问题,目前还难以形成统一而普遍认可的分类方案。我们参考前人的研究成果,其中主要参考栾秉璈(1984)和王福泉(1993)的玉石分类方法,同时充分考虑玉石材料的自然属性、商业性、工艺性、历史属性、玉文化属性和审美特征等,将玉石分成三大类,即玉、玉石和彩石。

(1)玉。按照中国传统玉文化对"真玉"的理解,结合德穆尔(1946)的研究成果以及国际上矿物学和宝石学通用的概念,玉是和田玉和翡翠两者的总称,它们均是由链状硅酸盐矿物组成的集合体(Harlow,2001;刘德镒,2004)。和田玉是中国传统玉料的骄子,中国历史上"玉"的名称也来自和田玉。翡翠现产于缅甸北部,但历史上缅甸翡翠矿所在地区归中国管辖。虽然翡翠开发利用的时间较短,但优质翡翠美艳绝伦,甚至被人称作"玉石之王"(廖宗廷,2015)。只是由于使用历史较短,其文化内涵和历史厚重感较之和田玉稍逊色。

(2)玉石。玉石是指除和田玉和翡翠以外,由显晶质、隐晶质矿物或非晶质组成的具有较高宝玉石价值的致密块状集合体,还包括少数单晶质矿物以及一些被作为玉材用的有机质材料。在玉石中比较常见的有绿松石、青金石、石英质玉、独山玉、岫玉、鸡血石、巴林石、青田石、煤精、珊瑚、琥珀、孔雀石、菱锰矿、萤石、天河石、欧泊、硅孔雀石等。较为罕见的有紫硅碱钙石、菱镁矿、绢云母、锂云母、蔷薇辉石、菱锌矿、菱铁矿、菱锰矿、针铁矿等。

（3）彩石。彩石是指玉石中的岩石种属，是产自沉积岩、火成岩和变质岩三大类岩中具有一定的工艺美术价值或装饰价值的品种。这类岩石呈非晶质—结晶质致密块状体，微透明—不透明，五颜六色，抛光面花纹秀丽新颖，质地密实坚硬而又细腻温润如玉，外观奇形怪状，犹如天然的艺术品。彩石可琢磨、雕刻成各种精美别致的文化用具，如工艺品、朴实、美观、庄重、大方的大中型纪念物，人物雕像，碑刻，是公共场所或室内装饰的天然优质材料。有的彩石可直接作为天然艺术品。典型的品种有砚石、观赏石、阿富汗玉等。

此外，国家标准《珠宝玉石　名称》（GB/T 16552—2017）按珠宝玉石的形成方式、物质组成、矿物学和岩石学特征等，可把玉石分为天然珠宝玉石、人工玉石等。玉石归于珠宝玉石范畴，还存在人工玉石。人工玉石指的是完全或部分由人工生产或制造的用于制作玉器或工艺品的材料，主要包括合成玉石、人造玉石、拼合玉石、再造玉石等。我们在进行玉石审美时应该重视它们的存在，它们的外观可能与对应天然者相似甚至更美，但它们已脱离了玉石稀少性的必具条件，也无所谓自然美等内涵，更没有中国传统玉文化的文化性特征，因此，一般将它们归于假玉范畴。

2. 玉石必须具备的条件

不管采用何种分类方案，作为玉石，必须具备一些基本条件。主要条件如下。

（1）美丽。美丽是玉石必须具备的基本条件，中国古代所谓"石之美者"就是这层意思。要求玉石颜色艳丽、纯正、匀净、透明无瑕、光彩夺目，或具特殊的光学效应，如猫眼效应、星光效应、变彩效应等。

（2）稀少。物以稀为贵，这在玉石上表现得最为明显，如和田玉子料之所以昂贵，主要就是由它的稀少性决定的。

（3）耐久。玉石不仅色彩艳丽非凡，还需具有永葆艳姿美色的耐久特性，即玉石必须硬度高，韧度大，坚硬耐磨，化学稳定性高。

（4）无害。玉石必须对人体无伤害。天然玉石一般不含对人体有害的放射性元素，因此，天然玉石对人体无害，但少数经辐射处理的玉石可能含少量对人体有害的残余放射性物质，应引起高度重视。

（5）其他要求。若制作成玉器，在形制上具备典型玉石制器的基本样式，必须是由玉石的特殊制作工艺和工序制作而成，如研磨、钻孔等技术完成的，而不是采用一般的制石工艺制成的。这也是区别玉器与石器的主要依据之一。

第二节　玉石基本性质

玉石材料本身具有的自然属性构成了玉石天然的美感，这也是玉雕艺术得以诞生并历经万年而不衰的得天独厚的前提条件。一件成功的玉雕艺术品所体现的质地美就是充分利用并发挥了玉石材料的基本性质。因此，玉石基本性质是影响玉器审美最关键的因素。

一、成分

玉石的成分包括化学成分和矿物成分两个方面。

1. 化学成分

多数天然玉石是在特定的地质和物理化学条件下，由化学元素相互结合而形成的产物。从根本上说，玉石许多的固有性质取决于构成元素本身的性质。因此，化学成分对了解玉石的基本性质、认识其成因机理、开展真假鉴定和质量评价、艺术品创作等，都具有极其重要的意义。

在地壳中，目前已知存在的元素有92种，参与组成玉石的常见元素有30多种，而多数玉石主要由其中的O、Si、Al、Fe、Ca、Na、K、Mg共8种元素组成，其他元素主要以微量组分存在。主要化学成分决定着玉石的矿物学、岩石学、结晶学和物理化学性质，但微量组分对玉石而言，同样十分重要，它们可能在很大程度上决定着玉石的价值，多数玉石的颜色成因主要归结于以微量组分存在的过渡金属元素Sc、Ti、V、Cr、Mn、Fe、Co、Ni、Cu等。如翡翠因为含微量的Cr元素呈艳丽的绿色而价值连城。有时微量元素还决定了玉石的品种，如：翡翠若含微量Cr元素而显绿色，即为翠；若含Fe等微量元素，显红色或黄色，即为翡；若含Mn等微量元素，显紫色，即为紫罗兰。此外，玉石中还含有多种对人体有益的微量元素，如Zn、Cu、Fe、Mn、Mg、Co、Se、Cr、Ni、Li、Ca、K、Na、Sn、Ti等，因此许多人认为玉石对人体有保健作用，如据《神农本草经》记载："玉乃石之美者，味甘性平无毒。能生津止渴，除胃中之热，平烦懑之气，滋心肺，润声喉，养毛发。"又据李时珍《本草纲目》记载："玄真者，玉之别名也。服之令人身飞轻举，故曰：服玄真，其命不极。""玉屑是以玉石为屑。气味甘平无毒。主治除胃中热，喘息烦满，止渴，屑如麻豆服之，久服轻身长年。能润心肺，助声喉，滋毛发。滋养五脏，止烦躁，宜共金银、麦门冬等同煎服，有益。"由此可见，玉石自古被入药，古人认为它对于疗疾和保健具有很好的作用。

玉石往往由两种或两种以上元素按一定比例通过化学作用形成,它们被称为化合物。化合物具有能用化学分子式表示的固定组分,如石英,主要是由 Si、O 元素结合形成的化合物,其固定组分可表示为 SiO_2。在各种玉石中,以下是常见的化合物。

(1)硫化物及其类似化合物:是由一系列金属元素与 S、Se、As 等元素相结合而形成的化合物,如鸡血石的组成矿物辰砂(HgS)等。

(2)氧化物类:是由一系列金属和非金属元素与氧结合而形成的化合物,如欧泊($SiO_2 \cdot nH_2O$)、水晶(SiO_2)等。

(3)卤化物类:是由金属元素与卤族元素相结合而形成的化合物,如萤石(CaF_2)。

(4)碳酸盐类:是由金属元素与碳酸根离子相结合而形成的化合物,如孔雀石[$Cu_2(OH)_2CO_3$]、汉白玉($CaCO_3$)等。

(5)磷酸盐类:是由金属元素与磷酸根结合而形成的化合物,如绿松石($CuAl_6(PO_4)_4(OH)_8 \cdot 5H_2O$)等。

(6)硅酸盐类:是由一系列金属元素与硅酸根结合形成的化合物,如翡翠($NaAl(SiO_3)_2$)、和田玉($Ca_2Mg_5(OH)_2(Si_4O_{11})_2$)等。

2. 矿物成分

矿物是由地质作用形成的元素单质或化合物。矿物在地壳中分布十分广泛,与人类的生活和生产活动关系十分密切,玉石就是由矿物或矿物集合体组成的。矿物具有一定的化学成分,可以用化学分子式表示。由同种元素组成的称为单质矿物,如自然金(Au)、自然铂(Pt)、金刚石(C)。由两种或两种以上元素化合而成的称为化合物矿物,如石英(SiO_2)、绿松石($CuAl_6(PO_4)_4(OH)_8 \cdot 5H_2O$)等。

矿物具有一定的化学成分和结晶结构,决定了矿物具有一定的形态特征和物理化学性质,人们常用晶体形态和物理化学性质来识别矿物。

随着人类认识水平的不断提高和科学技术的不断发展,矿物的概念也在不断变化。现代矿物学对矿物的定义为:矿物是天然形成并具有一定化学成分和原子结构的均匀固体,通常由无机化学作用所形成。由此定义可知,首先,矿物必须是天然形成的物体,从而与在工厂或实验室中人工制造的产物相区别。那些人工合成的且性质与天然矿物相同或极相似的产物,如合成水晶等,被称为合成矿物。至于那些在自然界不存在的相对应矿物的人工合成物,如立方氧化锆、钛酸锶等只能称为人造矿物。其次,矿物必须是均匀固体,这意味着天然形成的气体和液体都不属于矿物。但是,有人把液态的自然汞(Hg)也看作矿物。

由于玉石是由组成矿物混合而成,矿物成分决定着玉石基本特征,是玉石真假鉴别、质量评价和成因机理研究、艺术品设计制作与审美的重要基础。

二、结晶学性质

玉石主要由显晶或隐晶的矿物晶体组成,矿物的结晶学性质对于研究玉石或对玉石进行真假鉴定与质量评价等均是必不可少的。

1. 晶体和非晶体

X射线分析表明,一切晶体不论其外部形态如何,其内部质点(原子、离子、分子)都是规律排列的。这种规律表现为同种质点作周期性的重复,构成了所谓的格子构造。因此,晶体是具有格子构造的固体,晶形的充分发育可导致其外部晶面呈规则的几何形态,如呈八面体晶形的钻石晶体。与晶体的上述特征相反,有些固体物质内部的组成质点不作规则排列,也不具备格子构造,因而没有规则的几何外形,这类物质称非晶质或非晶质体,如欧泊和火山玻璃等。

除晶体和非晶体外,尚有一些物质,虽然其内部原子结构作有序排列,但不具外部规则的几何形态,它们由无数的微晶组成。这些微晶是如此之小,以至于用普通显微镜都无法观察到,也就是说是超显微的,这些物质称隐晶质,如玉髓。另外还有一些物质也由细小的晶体组成,然而其组成晶体的大小可用放大镜甚至肉眼观察到,这些矿物称显晶质,如翡翠。隐晶质、显晶质统称为多晶质。玉石主要属于隐晶质和显晶质。

2. 结晶习性

结晶习性是指矿物通常呈现的晶体形态。这种形态本质上是由它们本身的内部结构所决定,但它们也受到矿物形成时的外部环境因素所制约。这些外部因素包括晶体生长时的温度、压力、空间条件,以及有关组分的浓度、杂质等。由于这些因素千差万别,同一矿物在不同产地,以及同一矿物不同品种的晶体,其结晶习性均可能出现较大的不同。如钻石的常见晶形是八面体,组成和田玉的透闪石矿物常呈纤维状和毛毡状等。

3. 假象

由于化学作用,或由于温度、压力等变化而以另一种矿物外形产出的矿物,称为假象。玉石中较为典型的如二氧化硅交代木头形成的"硅化木",二氧化硅交代石棉形成的"虎睛石"等。

三、物理性质

玉石的物理性质包括光学性质、力学性质和其他物理性质。

1. 光学性质

光学性质在玉石鉴定、评价以及玉器创意设计、加工制作与审美过程中均具有重要的意义。

(1)颜色。颜色是玉石"美"的重要体现,是玉石鉴定的重要单项指标,是决定玉石品级、价值的重要因素。玉石颜色除传统的定性描述外,还可利用色度学等理论和方法定量评价(陈延芳,1999;李雯雯,1999;郭颖,2003;李勤美,2004)。

(2)条痕。条痕是玉石粉末的颜色。条痕可以与其本来的颜色一致,也可以不一致,如赤铁矿的颜色为黑色,条痕为红色。条痕在某些情况下有助于鉴别玉石的真假。

(3)光泽。光泽是一种表面光辉,玉石的光泽在很大程度上取决于组成玉石矿物的折射率,也取决于对玉石成品的抛光程度。玉石中常见的光泽类型有玻璃光泽、油脂光泽、树脂光泽、丝绢光泽、金属光泽等。除此之外,玉石中还可见一些特殊的光泽类型,如劣质绿松石所显示的土状光泽等。

(4)晕彩。晕彩是由玉石内部包裹体或结构反射出的光所产生的一种漫反射效应。晕彩可以看作是由玉石表面以下的颗粒或结构对光的反射所致,如天然玻璃的某些品种含有显微针状包体或因气泡逸出而形成的微洞穴,光可被它们反射而形成银白色晕彩。

(5)猫眼效应。猫眼效应本来是用来描述猫眼石所具有的特殊光学效应的专门术语。但自然界的一些玉石,当把它加工成弧面型后,其弧面上出现一条明亮并具有一定游动性的光带,宛如猫眼细长的瞳眸,也称之为猫眼效应。但这些具有猫眼效应的玉石不能直接称猫眼,而是需在其前加上玉石的名称,如和田玉猫眼等。能显示猫眼效应的玉石除和田玉外,还有木变石、石英岩玉等。

(6)变彩。变彩是指当光从欧泊所特有的结构反射时,由于光的干涉衍射作用而产生的颜色或一系列颜色。干涉衍射产生变彩现象的确切起因不易解释,但当光波通过折射率不同的物质之间或透明与不透明物质之间的边界时,便产生了色散。当光线通过微小裂隙(相当于光栅)或非常小的空洞时,也可产生相类似的效应。组成欧泊的二氧化硅球体彼此间的空隙,提供了这种微小的空洞,于是产生了通常与欧泊伴生的变彩。

(7)砂金效应。砂金效应是指由玉石内部细小片状矿物包裹体对光的反射所产生的闪烁效应,典型的如砂金玻璃和东陵玉等。

(8)透明度。透明度是指玉石透过可见光的能力。影响玉石透明度的因素主要有3个:一是光的强弱;二是玉石对光吸收的强弱;三是玉的厚度。自然界没有绝对透明或绝对不透明的物质。在玉器鉴定、评价和审美中,通常将玉石的透明度划分为透明、半透明、微透明和不透明4个级别。当隔着玉石观察后面的物体时,能清楚地看到物体的轮廓和细节,称之为透明,如洁净的水晶;当隔着玉石观察其后面的物体时,仅能看到物体轮廓的阴影,不能看到细节,称之为半透明,如翡翠、玉髓等,大多数玉石为半透明;当隔着玉石不能看见其后面的物体时,我们称之为不透明,如赤铁矿等。微透明介于半透明与不透明之间。

(9)发光性。发光性是指玉石在外部高能辐射线影响下发射可见光的性质。在玉石中重要的是荧光和磷光两种类型。荧光是指玉石在高能射线辐照下发射可见光的现象。磷光是指在外部辐射源关闭后,具荧光的玉石仍能继续发光的现象。我们所说的夜明珠就是用具有磷光的玉石制成的(铃木敏,1916)。

2. 力学性质

玉石的力学性质是指玉石在外力(包括地球引力)作用下所表现出来的各种物理性质,包括密度、硬度、韧性、解理、裂开和断口等,一些力学性质对玉石的耐久性影响极大,是玉石真假鉴别、质量评价和审美的重要依据。

(1)密度。在市场上经常见到一些人买玉石时用手仔细掂量,以确定玉石的真假,这实际上是在比较玉石的密度。由于玉石内部组成原子、离子的排列方式不同,因而每种玉石的质量与其体积的比值就不同。密度可以体现物质的密集程度,它以一个单位体积内所含的物质的质量来度量,表达式为:密度=质量/体积。质量和体积都有各自的单位,因此,密度是有单位的,而且所用单位不同,密度的数值也不同,在宝石学中,常使用公制 g/cm^3。

(2)硬度。硬度是指玉石抵抗磨蚀的能力。硬度直接影响玉石的耐久性,同时也是鉴别玉石真假和评价玉石质量的重要依据之一,还是玉石琢磨工艺中必须注意的技术问题。硬度的表示主要有比较硬度法和绝对硬度法两种,常用比较硬度法。比较硬度法又称相对硬度法,这种方法是由德国矿物学家莫斯(F. Mohs)于1822年提出来的,莫斯经过多次的选择性实验后,收集了10种能获得高纯度的常见矿物,并按彼此间抵抗刻画的能力大小顺序排列,其结果就是目前广泛使用的莫氏硬度计,硬度级别见表2-1。

表 2-1 莫氏硬度计简表

硬度级别	硬度计矿物	硬度级别	硬度计矿物
1	滑石	6	正长石
2	石膏	7	石英
3	方解石	8	托帕石
4	萤石	9	刚玉
5	磷灰石	10	金刚石

利用莫氏硬度计可对玉石的相对硬度进行测定,例如某种玉石可划动长石,但又能被石英划动,那么这种玉石的硬度就在6～7之间,如和田玉的硬度就处于6～7之间。

在实际应用中,还有一些常见物质的相对硬度也可以粗略地对玉石硬度进行测定,这些常见物质是:指甲2.5;铜针3.0;窗玻璃5.0～5.5;钢刀片5.5～6.0;钢锉6.5～7.0。

(3)韧性。韧性是指材料抵抗破碎的能力。珠宝玉石的韧性主要与珠宝玉石矿物或岩石的结构有关,与硬度不呈正相关关系,如钻石硬度最高,但其韧性不如硬度仅为6～7的和田玉。常见珠宝玉石的韧性从高到低排序为:黑色金刚石＞和田玉＞翡翠＞刚玉＞金刚石＞水晶＞海蓝宝石＞橄榄石＞绿柱石＞托帕石＞月光石＞金绿宝石＞萤石。

(4)解理、裂开和断口。解理、裂开和断口都是组成玉石的矿物在受外力作用后发生破裂的性状,但它们破裂的特征以及与之有关的因素各不相同,三者均可作为玉石真假鉴别、质量评价和加工的重要考虑因素。

解理:解理是指组成玉石的矿物晶体在外力作用下,沿着某些固定方向裂开,并或多或少留下光滑平面的性质,其光滑平面称解理面。一些玉石的组成矿物解理特征十分明显,并可作为这些玉石真假鉴别的重要依据,如硬玉矿物存在两组完全解理,在解理面将产生片状闪光,即翠性。翠性就成为业内鉴别翡翠真假的重要依据之一。

裂开:因存在聚片双晶或定向包裹体等原因,组成玉石的矿物晶体在受外力作用后,沿双晶结合面或包裹体分布面等方向裂开并或多或少留下光滑平面,这种性质称为裂开。

断口:断口是指玉石在外力作用下产生的无固定方向破裂的性质。根据矿物组成方式不同,断口也有各自固定的形状。常见断口类型有贝壳状断口、锯齿状断口、不平坦状断口、参差状断口等。

3. 其他物理性质

(1)导热性。导热性是玉石传导热的能力。导热性强的物质都能迅速地传送热量,如金属材料,当人们用手触摸时,有凉的感觉。而用手触摸木材和布料等时,则有温暖的感觉,因为这些材料的导热性较低。导热性是玉石的重要物理性质,在鉴别玉石真假时,利用手感、舌感等对玉石进行初步鉴定就是利用玉石导热性这一物理性质。

(2)放射性和磁性。当玉石含有放射性元素时,所含的放射性元素能自发地从原子核内放出粒子或射线,同时释放出能量,这种现象叫放射性,这一过程称为放射性衰变。自然界的玉石一般无放射性,但经过辐照处理的玉石可能存在放射性问题,应注意这类玉石的鉴定和评估。

玉石的磁性主要是由于其矿物成分中含有 Fe、Co、Ni、Ti 和 V 等带磁性的元素。磁性的强弱取决于具体玉石矿物成分中所含金属元素有多少。有些玉石具有磁性,一些磁性较强的矿物(如磁铁矿和赤铁矿)完全可以用磁性对此进行鉴定。

(3)表面性质。玉石的表面性质突出表现为对外界物质的吸附作用上,尤其是对广泛存在的水和油的吸附。由于水是极性分子,极性高的玉石比非极性玉石更易于吸附水;油是非极性的,极性低的玉石吸油比吸水更强。这一性质可以对一些玉石的鉴定提供帮助。

四、结构和构造

1. 结构

玉石的结构是指组成玉石的矿物的结晶程度、晶粒大小、结晶形态以及晶粒之间或晶粒与玻璃质之间的相互关系。结构类型多种多样,从不同角度或不同标准,可以分出不同的结构。

(1)玉石按组成的矿物颗粒的均匀程度,可分为等粒结构和不等粒结构。等粒结构按大小又可进一步分为显晶质结构和隐晶质结构,前者如翡翠,后者如玉髓;不等粒结构按其分布情况可进一步分为连续不等粒结构、斑状结构、似斑状结构。一些可用来制作建筑装饰材料或大型雕刻工艺品的岩浆岩和变质岩是常见的不等粒结构。

(2)玉石按组成矿物的自形程度,可分为自形结构、半自形结构、他形结构。在翡翠中,一些质量差、晶体粗的翡翠为自形结构;一些质量高的翡翠(如玻璃质地)由于受构造应力的强烈作用,往往显示他形结构。翡翠的质量很大程度上取决于结构。

(3)玉石按组成矿物的结晶程度,可分为全晶质结构、半(部分)晶质结构和玻璃质结构。一些玉石(如石英岩、大理岩)由于矿物结晶环境较好,结晶时间较充分,因此显全晶质结构;而另一些玉石(如火山玻璃)由于缺乏有利的结晶环境,或结晶时间不充分,因此显玻璃质结构。

(4)按玉石矿床的成因。玉石矿床成因不同,玉石的结构不同。如灰岩形成的观赏石可能具泥晶结构、生物结构等;岩浆作用形成的独山玉具粒状结构等。变质作用是形成玉石的主要地质作用,所形成的玉石具有典型的结构特征,如变余结构、变晶结构、交代结构、变形结构等,其中变晶结构最为典型,如和田玉为纤维变晶结构,汉白玉为粒状变晶结构等。

2. 构造

玉石的构造是指玉石中不同矿物集合体之间,或玉石各个组成部分之间,或矿物集合体与其他部分之间的相互关系。玉石的构造类型多种多样,如块状构造、条带状构造、脉状构造、卵状构造等,现举例简述如下。

(1)块状构造。表现为玉石的组成矿物排列无序次,无方向性,呈均匀分布的块状。块状构造是玉石构造中最为常见的类型,如和田玉山料、独山玉等。

(2)条带状构造。表现为玉石中颜色、结构不同的矿物组分相间排列呈带状。最为典型的如玛瑙的条带状构造,硅化木年轮构成的条带状构造等。

(3)晶洞构造。表现为玉石中存在大小不一的孔洞,孔洞中经常生长着完好的晶体,或保存着成矿流体的残留,如玛瑙晶洞。

(4)杏仁状构造。常出现在火山成因的玉石中。当岩浆沿地壳裂隙喷溢至地表,在流动过程中,所含的挥发成分将向外逸散,留下气孔,气孔被后来的物质充填,充填物一般形似杏仁,如梅花玉的杏仁状构造。

(5)卵状构造。玉石原生矿经风化剥蚀搬运至河流中,被流水搬运磨蚀成卵状,并在河床中沉积下来,典型的如和田玉子料。

(6)皮壳状构造。由风化剥蚀作用形成的玉石块体在表生作用下,其表皮往往在成分、结构、颜色等方面发生重大变化,从而形成不同特征的皮壳,这就是皮壳状构造。典型的如翡翠水石的皮壳状构造和田玉子料的皮壳状构造等。

(7)层理构造。它是沉积成因的玉石可能见到的构造类型,是由沉积物的成分、颜色、结构等在垂直于层理的方向上呈有规律的变化而形成。典型的如贵州紫袍玉的层理构造。

(8)脉状构造。一般表现为矿体呈脉状赋存在围岩或充填于构造裂隙中,或后期形成的玉脉分布于早期形成的玉矿体中,典型的如青海和田玉中的水线。

(9)片状构造。表现为组成玉石的片状矿物呈连续平行排列。如靠近断裂构造的和田玉可形成片状构造。

(10)肾状构造。表现为玉石呈大小不同的圆形或椭圆形,形似肾状,典型的如孔雀石的肾状构造。

第三节 常见玉石材料

玉石材料种类很多,凡是能满足美丽、稀少、耐久、无害等条件的天然和人造材料,均将作为玉石使用。这里主要对市场常见的玉石材料作简要介绍。

一、和田玉

和田玉的名称自古以来说法较多,除和田玉外,还有真玉、软玉、透闪石玉、昆山玉、昆仑玉、白玉等。按照国家标准《珠宝玉石 名称》(GB/T 16552—2017),和田玉是指以透闪石为主要成分的一类玉石的统称,与产地无关。目前市场上的和田玉主要包括新疆和田玉、青海和田玉、辽宁和田玉、俄罗斯和田玉、贵州和田玉等,并非专指新疆产的和田玉。

(一)历史与地位

和田玉在中国具有十分悠久的历史,距今 30000—17000 年的辽宁海城小孤山文化遗址,出土了和田玉制作的石片;距今 9000 多年的黑龙江小南山文化遗址、距今 8200—7600 年的兴隆洼文化遗址,以及距今 6000—4000 年的红山文化遗址、凌家滩文化遗址、良渚文化遗址等,其中出土玉器的玉材大多以和田玉为主体。从中华民族的祖先将和田玉与普通石头分开的那一时刻起,和田玉便成了中华民族精神文化的载体,并逐渐有了更加丰富的内涵和功能,如装饰的功能、礼仪的功能、宗教的功能、政治的功能,等等。

(二)基本性质

1. 成分

(1)化学成分。和田玉为含水的钙镁硅酸盐,化学式为 $Ca_2(Mg,Fe)_5(OH)_2(Si_4O_{11})_2$。

(2)矿物成分。和田玉的主要组成矿物为透闪石,次要矿物为阳起石,也常含少量杂质矿物,如方解石、透辉石、滑石、蛇纹石、绿泥石等。

2. 晶系及结晶习性

(1)晶系。和田玉的主要组成矿物属于单斜晶系。

(2)结晶习性。和田玉是以透闪石为主的纤维状、毛毡状集合体。和田玉原生矿主要呈块状,次生矿主要呈卵石状和砾石状,戈壁玉主要呈块状。

3. 物理性质

(1)力学特征。①解理,由于是集合体,因而无解理。但透闪石晶体可见两组解理。②断口,参差状断口。③密度,一般在 $2.80\sim3.10$ g/cm³ 之间。④硬度为 $6.0\sim7.0$。

(2)光学性质。①颜色,和田玉的颜色较杂,有白、灰白、黄、黄绿、灰绿、深绿、墨绿和黑等颜色,并且颜色决定了其亚种,如白玉、黄玉、碧玉等。②透明度,绝大多数为半透明至不透明,以微透明为多。③光泽,一般为玻璃—油脂光泽。④折射率为 $1.61\sim1.63$,平均为 1.62。⑤吸收光谱,在 498 nm 和 460 nm 处有两条模糊的吸收带,在 509 nm 处有一条吸收带,某些和田玉在 689 nm 处有双吸收带。⑥发光性,在紫外光下为荧光惰性。⑦特殊光学效应,部分产地的和田玉(如台湾花莲玉)有猫眼效应,具收藏价值。

(3)其他物理性质。和田玉导热性较差,冬天摸不冰手,夏天摸不感觉热,因此适于贴身佩带。和田玉制成的乐器,声音清越悠长。

4. 和田玉的结构和构造

(1)结构。和田玉具毛毡状隐晶质变晶结构、显微纤维—隐晶质变晶结构、显微纤维变晶结构和显微片状隐晶质变晶结构等。

(2)构造。山料一般为块状构造,少数由于受构造作用的影响而具片状构造。贵州罗甸玉显层状构造。子料具卵状构造,山流水料为砾状构造,戈壁料以块状构造为主。

(三)分类

1. 产状分类

根据产出环境,可将和田玉分为山料、山流水、子料和戈壁料4类。

(1)山料。山料又名山玉、碴子玉,或称宝盖玉,是指产于原生矿的玉料。主要特点是呈棱角状,块度大小不同,质地良莠不齐。

(2)山流水。山流水料名称可能来源于采玉和琢玉艺人。山流水料指原生矿石经风化崩落,并由冰川或洪水搬运过,但搬运距离不远的玉石。特点是距原生矿近,块度较大,棱角稍有磨圆,表面较光滑。

(3)子料。子料是山的经风化崩落,经水流的搬运而在河流适当位置沉积下来的优质部分。其特点是呈卵状,大小差别大,以小块居多,质地好,光泽优。上好羊脂白玉就产其中。

(4)戈壁料。戈壁料主要处于沙漠戈壁之上,是原生矿石经风化崩落并长期暴露于地表,并由风沙长期作用而成。戈壁料的润泽度和质地明显比山料好。

2. 颜色分类

根据颜色,和田玉可分为白玉、青玉、翠青玉、烟青玉、青白玉、黄玉、碧玉、墨玉、糖玉和花玉等几大类,还有许多位于上述品种之间的过渡类型。

(1)白玉。颜色主体为白色的品种。羊脂白玉是白玉中的上品,质地细腻,白如凝脂,滋蕴光润,给人以刚中见柔的感觉。

(2)青玉。颜色为淡青色和深青色的品种。

(3)翠青玉。颜色为浅绿色,似嫩绿色翡翠。与青玉、碧玉的绿色有很大差别。

(4)烟青玉。颜色一般为烟青色和浅浅的灰紫色,是青海和田玉的特殊品种。

(5)青白玉。颜色介于白玉与青玉之间,似白非白,似青非青。

(6)黄玉。颜色为淡黄色到深黄色,有的质量极佳,黄正而娇,润如脂,为珍品。

(7)墨玉。颜色为纯黑色。一些深色碧玉或深色青玉品种显黑玉外观,应注意区别。

(8)糖玉。因其颜色似红糖而得名。

(9)碧玉。颜色为绿色。一些深色碧玉品种显墨玉外观,应注意区别。

(10)花玉。指在一块玉石上具有多种颜色,且分布得当,构成具有一定形态的花纹的玉石,如虎皮玉、花斑玉、青花玉等。

3. 产地分类

和田玉由于产地较多,不同产地因矿床成因和成矿条件不同,质量存在明显差别,因此,市场上已存在按产地进行分类的现象。如新疆和田玉(新疆料)、青海和田玉(青海料)、俄罗斯和田玉(俄料)、辽宁岫岩和田玉、韩国和田玉(韩料)、贵州和田玉、台湾和田玉等。

(四)真假鉴别和质量评价

1. 真假鉴别

从目前市场的情况看,和田玉的鉴别应包括下列两方面内容:一是与仿冒品的区别,这是主要的;二是产地鉴别。由于不同产地和田玉或亚种间质量存在差别,文化认同感相异,因此产地鉴别变得越来越受关注。

(1)仿冒品鉴别。在和田玉鉴别中,最为重要的是与其他相似玉石以及人造仿制品的区别。在各种玉石中,与和田玉相似的玉石较多,主要有翡翠、独山玉、岫玉、葡萄石、水钙铝榴石、石英岩玉、大理石和玛瑙等。但是,和田玉与这些仿冒品在物理化学性质上存在着较大的差别,若能测得它们的物理化学性质参数,如矿物成分、密度、折射率等,则很容易解决和田玉与相似玉石的鉴别问题。若测试物理化学性质存在困难,则需借助扎实的专业理论知识和丰富的实践经验,才能将它们区别开来。

(2)产地鉴别。不同产地的和田玉,由于其成因和形成条件存在差异,应该存在明显差别。①质地。新疆和田玉质地细密,玉肉如凝脂,糯性十足,且光泽油润,纤维交织结构;俄罗斯和田玉则一般较硬,质地粗糙;青海和田玉则较为致密,质地比俄料要紧凑,但仍不如新疆和田玉。②莫氏硬度。新疆和田玉的莫氏硬度较大,韧性好;俄罗斯和田玉和青海和田玉则比莫氏硬度稍低,韧性不足。因此,新疆和田玉更适宜雕琢,采用复杂的雕工而不用担心起毛、崩口等情况。③颜色。以白玉来说,新疆白玉颜色白中常常带有淡淡的青色,就颜色的饱和度而言,白度不是很高,但颜色非常温润,光泽柔和,十分悦目;青海白玉颜色则偏灰偏暗,较为暗淡;俄罗斯白玉颜色非常纯净,白度高,但缺乏温润感,多为干白、死白。④透明度。新疆和田玉透明度在半透明至不透明之间,多为微透明,透明度不高,玉料因此显得浑厚质朴;青海和田玉透明度较高,质地晶莹剔透,显得较嫩和空灵;俄罗斯和田玉的透明度亦高于新疆和田玉。

其他产地的和田玉及亚种也各有各的特征,但这些差别只有具有丰富实践经验的人才能看出来。不同产地的和田玉的差别在内部结构和其微量成分方面表现得更为清楚,在专业实验室较易将它们区分开来。

2. 质量评价

和田玉的质量主要从颜色、质地、光泽、净度、重量或体积、工艺等方面进行评价。

(1)颜色。颜色是影响和田玉质量最重要的因素,在各类颜色中以白玉中的羊脂白最为珍贵,到目前为止,能达到羊脂白的仅见于新疆和田地区的子料。其他产地的和田玉达到真正羊脂白者极少。除羊脂白外,纯正的黄色、绿色、黑色也为上品。《夷门广牍》曰:"于阗玉有五色,白玉其色如酥者最贵,冷色、油色及重花者皆次之;黄色如栗者为贵,谓之甘黄玉,其价值与羊脂玉一般,焦黄色次之;碧玉其色青如蓝靛者为贵,或有细墨星者,色淡者次之;墨玉其色如漆,又谓之墨玉;赤玉如鸡冠,人间少见;绿玉系绿色,中有饭糁者尤佳;甘清玉色淡青而带黄;菜玉非青非绿如菜叶色最低。"这些色彩与中国古代"五行"学说中的青、赤、黄、白、黑相符合,使和田玉更显神秘和珍贵。

(2)质地。质地也是影响和田玉质量的重要因素之一,其他评价要素如油脂光泽等也与此相关。上好的和田玉的主要组成矿物为透闪石,具细小的纤维状、毛毡状结构,且排列紧密而有一定规律。

(3)光泽。"润泽以温"是和田玉质量好坏的重要体现。因此,优质和田玉具有较强的油脂光泽,若油脂光泽不足,则价值将明显下降。

(4)净度。质量上乘的和田玉也要求无瑕疵、无裂纹。瑕疵包括石花、石筋、石钉、黑点等。一般而言,净度越高,价值也越高。

(5)重量或体积。在颜色、质地、光泽、加工工艺相同或相近的情况下,重量越重或尺寸越大,价值越高。

(6)工艺。行内所谓"三分料七分工",体现了工艺对和田玉质量的影响。加工师要善于利用巧色,并施以巧妙构思和娴熟的技艺以提高和田玉制品的价值。

二、翡翠

翡翠之名一般认为来自鸟名。《说文解字》中即有"翡,赤羽雀也;翠,青羽之翡"的说法,即是说"翡"为红色羽毛的鸟;"翠"为绿色羽毛的鸟。由于这种鸟的羽毛很美,因此中国古代便把"翡翠"作为玉石名了。1946年,法国地质学家德穆尔首次对八国联军从中国圆明园掠夺至欧洲的翡翠艺术品进行了矿物学研究,他认为翡翠是辉石类中的钠铝硅酸盐新种矿物,将其命名为Jadeite,汉译名为硬玉,由此,翡翠作为辉石类中的新矿物种名称被国际矿物协会承认。然而,根据近代科学家分析,翡翠并非硬玉,而是以硬玉矿物为主,并伴有角闪石、钠长石、透辉石、磁铁矿和绿泥石等矿物集合体,还含有一种以前被认为只有在月球上才能形成的钠铬辉石。不同质量的翡翠,其矿物含量存在差别。翡翠与非翡翠间的硬玉含量界定,各家说法不一,目前还是一个有待解决的问题。但不管将来的含量如何界定,可以肯定的是翡翠不等于硬玉,硬玉是一种矿物,翡翠应该是一种岩石。另外,所含的主要矿物成分不同,翡翠可有不同的品种,如以硬玉为主的翡翠、以绿辉石为主的翡翠、以钠铬辉石为主的翡翠和闪石化翡翠等。

(一)基本性质

1. 成分

(1)化学成分。翡翠主要的组成矿物硬玉的化学分子式为$NaAlSi_2O_6$,其中Al常被Cr等致色元素类质同象置换,因此翡翠的颜色多种多样,千变万化。

(2)矿物成分。翡翠是以硬玉为主要构成的岩石,次要组成矿物有闪石和长石类矿物,此外还有绿泥石、高岭石、蛇纹石、褐铁矿等次生矿物。

2. 晶系及结晶习性

(1)晶系。翡翠的主要组成矿物硬玉为单斜晶系。

(2)结晶习性。翡翠为粒状或纤维状集合体。原生矿为块状,次生矿为巨砾状、砾状和卵状等。

3. 物理性质

(1)力学性质。①解理。主要矿物硬玉具两组完全解理。在翡翠表面上星点状闪光(也称翠性)的现象就是从硬玉解理面上反光的结果。②硬度为6.5~7.0。③密度为3.30~3.36g/cm³,一般为3.34g/cm³。

(2)光学性质。①颜色。变化大,具有白、绿、红、紫、橙、黄、褐、黑等颜色。其中最名贵者为绿色(或称翠),其次是紫蓝(或称紫罗兰)和红色(或称翡)等。②透明度。俗称"水"或"水头",半透明至不透明,极少数达到透明。③光泽。翡翠一般为玻璃光泽,也显油脂光泽。④折射率。通过点测法测得的折射率一般为1.65~1.67,平均为1.66。⑤吸收光谱。绿色翡翠主要由Cr致色,因而显典型的Cr谱,所有的翡翠因含Fe,因而在437 nm处有一诊断性吸收线。⑥发光性。天然者绝大多数无荧光。

4. 翡翠结构和构造

(1)结构。翡翠的结构类型较多,按颗粒大小可分为显微变晶结构、微粒变晶结构、细粒变晶结构、中粒变晶结构、粗粒变晶结构;按变晶的相对大小可分为等粒变晶结构、斑状变晶结构、不等粒变晶结构;按变晶的形态可分为粒状变晶结构、柱状变晶结构、纤维状变晶结构、束状变晶结构、放射状变晶结构;按交代变质作用关系可分为净边结构、镶边结构、残余结构;按动力变质作用程度可分为碎裂结构、粗糜棱结构、糜棱结构、超糜棱结构等。结构对于翡翠的意义重大,它不仅决定着翡翠的质地、透明度和光泽等,而且翡翠的准确鉴定在许多情况下需要借助于对其结构进行深入研究。

(2)构造。常见的构造类型有块状构造、卵状构造、脉状构造、条带状构造、片理化构造、角砾状构造等。翡翠的绿色多呈脉状形式出现,在少量的翡翠原石中发现有绿色、白色和黑色相间的条带状构造。

(二)真假鉴别

翡翠的鉴别包括原石的鉴别、成品的鉴别,涉及相似玉石的区别、优化处理品的鉴别等问题,相比其他玉石的真假鉴别,翡翠的真假鉴别是比较困难的。

1. 原石的鉴别

由于产出的地质条件不同,翡翠原石存在山石、水石和半山半水石 3 种产出状况,它们的外形特征一般存在较大的差别。山石因是直接从原生矿中采出的,一般呈块状,原石表面新鲜,无风化形成的皮壳,棱角清楚,质地一般较差。水石一般是水蚀卵石,磨圆比较好,有长期风化形成的皮壳,质量较好。半山半水石的特征介于上述两者之间。山石的鉴别是相对比较容易的,通过直接观察其矿物成分、翠性、结构、构造等就能对其做出较为准确的判别,而且由于山石的质量一般较差,作假的情况不是很常见。在实际交易中,水石的鉴别难度最高、风险最大、涉及面最广,对鉴定者的知识性、经验性要求最高,因为水石的情况复杂、变化多端、真中有假、有假难辨的情况时时存在。目前常见的翡翠原石作假方法举例说明如下。

(1)仿冒品的鉴别。市场上出现的翡翠原石仿冒品多达数十种,如硅化大理岩、钠长石岩(俗称水沫子)、水钙铝榴石(俗称不倒翁)、含钠质的硅酸盐(俗称拨龙),以及作为翡翠矿脉石的老过头、绿壳石(绿色脉石)、雷打石(莫石)、龙潭石、姜石等。由于它们的化学成分、矿物成分和物理性质差距极大,若用仪器设备,较易将它们区别开来。

(2)假皮的鉴别。这类作假的方法很多,总的来说不外乎是将翡翠矿石的真实情况较好地掩盖起来,以达到欺骗的目的。所以正确鉴别需要有扎实的专业知识和丰富的实践经验。

(3)染色皮的鉴别。染色方法主要有镀色、炝色或火烧等,欺骗性较大。鉴别的办法是:看皮下的颜色特征,若各处的颜色一致,就应产生怀疑,进一步放大观察,可以找出染色的痕迹,如可看到一些大小不等的烧焦点,这些焦黄点是受到酸、碱的腐蚀而造成的。用仪器分析可发现染料的存在,或不存在天然翡翠的光谱特征。

(4)假门子的鉴别。翡翠原石交易时,一般在靠皮的地方开一个或几个大小不等的天窗,用以向购买者展示其内部的颜色和质地,这种天窗叫门子。假门子就是在翡翠的外皮上制造伪装的门子。从已掌握的资料来看,制作假门子的方法可能有镶门、垫色门子、灌色门子等,鉴别也较困难,正确鉴别需要依赖长期的实践和丰富的经验。

2. 成品的鉴别

(1)与相似玉石的鉴别。与翡翠相似的玉石较多,典型的有和田玉、蛇纹石玉、石英质玉、水钙铝榴石、长石质玉、独山玉、碳酸盐岩玉和玻璃等,由于这些仿制品与翡翠的物化性质以及镜下特征存在明显差别,鉴定相对较容易。

(2)处理翡翠的鉴别。目前常见用于优化处理翡翠的方法有染色、漂白、酸处理、充填、加热、浸油浸蜡等,最主要的处理品种是B货、C货和B+C货,它们均是针对纯天然的A货翡翠而言。B货翡翠是一些带有颜色,但质地差、不透明、含杂质的翡翠用强酸处理并溶出杂质后,再用树脂等物质充填而形成的。C货翡翠是指其颜色为人工染色的翡翠,即染色(炝色)翡翠。B+C货翡翠是指既经强酸溶解、外来物充填,而颜色又是人工染色的翡翠。

B货翡翠的鉴别。一般从肉眼观察和仪器分析测试两个方面来鉴别。肉眼观察:B货翡翠的结构有松散破碎之感,与天然翡翠结构不同;B货翡翠颜色娇艳,但颜色有扩散的痕迹,杂质少或无,光泽较弱。B货翡翠由于经化学处理,其结构被严重地破坏,表现为结构较松散,长柱状晶体错开且被折断,晶体定向排列遭受破坏,颗粒边界变得模糊等。另外如果为胶充填,胶体内可见气泡、龟裂纹,胶也可能有老化现象。仪器分析测试:B货翡翠的密度偏低,一般小于 3.32 g/cm^3。某些充填胶在紫外线长、短波下均可发荧光,所以在荧光下可见绿色、白色,即荧光性不均匀。B货翡翠经红外测试时可见C和H的谱线,这是胶的谱线。

C货翡翠的鉴别。C货翡翠的颜色往往是由铬酸染色而成,在查尔斯滤色镜下通常呈红色,这是C货翡翠的特征之一。放大观察,颜色主要集中在裂隙或颗粒边界中。此外,无论用什么方法染成的绿色翡翠,在阳光下长期曝晒都会褪色。通过上述方法,较易将翡翠C货与A货区别开来。

B+C货翡翠的鉴别。需要把鉴别B货翡翠和C货翡翠的方法结合起来,才能达到真正鉴定的目的。

（三）质量评价

翡翠的质量评价复杂而专业,需要经过长期的实践才能有所心得。业内一般从颜色、透明度、结构、净度、重量或体积和工艺等方面进行质量评价。

1. 颜色

颜色是翡翠质量评价的关键。翡翠颜色千变万化,色调也各不相同,民间有"36水、72豆、108蓝"之说。但总的来说,其颜色不外是绿、红、黄、蓝、紫、白灰、黑和无色等。在翡翠的各种颜色中,以绿色为最佳,紫色和红色次之,其他颜色均较差。俗话说"家有万斤翡翠,贵在凝绿一方",表达的就是这个意思。按传统习惯,翡翠的颜色评价可归结为"正、阳、浓、和"。正指颜色的纯正程度;阳指颜色的鲜艳明亮程度;浓指颜色的饱和度;和指翡翠同一颜色的均匀程度。如果一件较好翡翠的颜色为绿色,就要求颜色"正、阳、浓、和"均达到理想状态。

2. 透明度

俗称水头,透明度高的称水头长,透明度低的称水头短。透明度越高,价值越高。

3. 结构

结构俗称地或底。结构对翡翠质量的影响极大,它不仅直接影响翡翠的质地(或种),而且在相当大程度上影响翡翠的颜色、透明度以及光泽的好坏。业内有"内行重底,外行重色"的说法,这就说明了结构的重要性。翡翠的结构主要与组成矿物结晶颗粒的大小、形状、排列方式等密切相关。组成矿物越细,矿物呈纤维状定向排列的程度越高,翡翠的质地越好,因此,极细的纤维交织结构是高档翡翠的必备条件,具备这种结构的翡翠质地细腻、油润,极具美感,价值较高。若翡翠为粒状结构,且颗粒粗大、结构松散、排列无序,翡翠的质量将明显下降。

4. 净度

净度是翡翠质量评价的又一大要素。净度越高,价值越高。

5. 重量或体积

与其他玉石相比,翡翠制品受重量或体积的影响相对较小。但在颜色、质地、透明度、加工工艺相同或相近的情况下,重量或尺寸越大,越是稀有,价格越高。属于特高档或高档的帝王绿翡翠以克拉计价,重量越大,价格越高;其他翡翠以件计价。

6. 工艺

优质翡翠,可制成贵重首饰,其工艺的优劣主要由厚薄、比例、美感、雕刻和抛光程度等决定,要求突出颜色,形态优美,抛光精良;对翡翠玉雕工艺品,则需要考虑工艺水平,工艺师要善于利用巧色,并施以巧妙构思、娴熟的技艺以提高翡翠制品的价值。高质量的翡翠工艺品应因材施艺,图案精美,线条流畅,善用巧色。

三、其他常见玉石

除和田玉、翡翠外,市场上还有许多其他玉石种类,其中较为常见的有岫玉、独山玉、绿松石、石英质玉石、青金石、寿山石、鸡血石、青田石等。

1. 岫玉

因大量产于辽宁省鞍山市岫岩满族自治县而得名,因其主要成分为蛇纹石,又称蛇纹石玉。岫玉在我国被开发利用的历史较长,有可靠的资料证明,在新石器时代,我国先民们已开始使用岫玉了,岫玉对中国玉文化的影响也较为深远,因此,岫玉是中国"四大名玉"之一,也是我国目前玉雕工艺品中使用最广的玉种之一,可制成各种工艺品。

(1)基本性质。岫玉是由微细纤维状、叶片状和胶状蛇纹石矿物集合体组成,蛇纹石化学式为 $Mg(Si_4O_{10})(OH)_8$。常见带黄的浅绿色,也有白、黄、墨绿等色。硬度随其矿物成分而变化,变化于 4~5.5 之间;半透明—微透明,蜡状光泽;密度为 2.44~2.8 g/cm^3;折射率为 1.555~1.573;遇盐酸或硫酸可分解。

(2)品种。岫玉按产地可形成许多不同的品种,如辽宁岫玉、广东岫玉、甘肃岫玉、新疆岫玉、青海岫玉、台湾岫玉等。品种不同,特征也存在差异。

(3)真假鉴别。岫玉的真假鉴别相对较为容易,因为市场上较少用其他天然玉石来仿冒岫玉。只需要测试其成分和物理性质就可将它鉴别出来,同时,特殊的浅黄绿色,也容易与其他玉石区分开来。

(4)质量评价。岫玉的质量主要依据颜色、透明度、质地、净度、重量或体积、工艺等进行评价。一般而言,颜色为中等浓度的绿色和黄色,透明度高、质地细腻均匀、净度高、体积大、工艺精湛者为上品。若上述诸要素存在问题,均会影响其质量。

2. 独山玉

独山玉因产在河南南阳市东北独山而得名。独山玉的使用历史较为古老,考古发掘证明可上溯到新石器时代。独山玉色彩鲜艳、质地细腻、致密坚硬,是中国"四大名玉"之一。

(1)基本性质。独山玉是一种黝帘石化斜长石集合体。主要组成矿物是斜长石和黝帘石。粒状结构,块状构造。颜色有白、绿、紫、黄、黑等几种。微透明—不透明,玻璃光泽,油脂光泽。硬度为 6.5~7。密度为 2.7~3.09 g/cm^3。折射率为 1.56~1.70。

(2)品种。独山玉主要依据颜色来划分品种,主要的品种有白独玉、绿独玉、紫独玉、黄独玉、红独玉、青独玉、黑独玉、杂色独玉等。

(3)真假鉴别。独山玉的鉴别较为容易,业内人士一眼就能将它区分开来,特有的杂色成为其鉴别的主要依据之一。除颜色的特征外,还有明显的粒状结构。对于一般的鉴赏者来说,对独山玉的鉴别最重要的是要注意它与石英质玉、岫玉和碳酸盐质玉的区别,尤其是颜色和结构等的区别。

(4)质量评价。独山玉的质量主要依据颜色、裂纹、杂质含量和块度大小等进行评价。优质的独山玉为白色和绿色,白色者外观似软玉,绿色者外观似翡翠,深受人们喜爱。与此相对应,白色独山玉要求为油脂光泽、微透明、质地细腻、无杂质、无裂纹、加工工艺好、有一定大小。绿色独山玉要求颜色翠绿,其他要求与白色独山玉相同。由于真正能达到上述标准的独山玉矿产资源量有限,高品质的独山玉市场价格较高。

3. 绿松石

绿松石又名松石、土耳其石、突厥石。章鸿钊在《石雅》一书中解释道:"此或形似松球,色近松绿,故以为名。"绿松石在中国的使用历史非常悠久,在河南仰韶文化遗址中已发现绿松石制成的饰物。在漫长的历史中,它一直受中国人喜爱,并被列为中国"四大名玉"之一。

(1)基本性质。绿松石主要由绿松石矿物组成,另外还含有埃洛石、高岭石、石英、云母等矿物,分子式为 $CuAl_6(PO_4)_4(OH)_8·5H_2O$,三斜晶系,单晶体极罕见,一般为致密隐晶质集合体。颜色可分为蓝色、绿色和杂色三大类,通常不透明,蜡状光泽,硬度为 5~6,密度为 2.8~2.9 g/cm³,折射率为 1.60~1.65,一般无荧光或荧光很弱,其吸收光谱在 420 nm 处有一条不清晰的带,432 nm 处有一条可见的带,有时在 460 nm 处有一条模糊的带。不耐热,不耐酸,由于孔隙发育,因而易被污染。

(2)品种。绿松石的品种主要按颜色、质地、产地等进行划分。按颜色划分,有蓝色绿松石、浅蓝色绿松石、绿色绿松石和白色绿松石等。按质地和结构构造划分有晶体绿松石、块状绿松石、铁线绿松石、瓷松石等。按产地划分有湖北绿松石、新疆绿松石、伊朗绿松石、埃及绿松石、智利绿松石、美国绿松石和澳大利亚绿松石等。

(3)真假鉴别。绿松石的鉴别相对较容易,因为它具有其他玉石所没有的天蓝色,不透明。而且经常有褐色、黑色的纹理或色斑,行内称铁线。在鉴别中,需要重视与相似玉石(如三水铝石)、合成绿松石、压制绿松石、处理绿松石等的区别。

(4)质量评价。绿松石的质量主要从颜色、硬度、质地、净度、特殊花纹和块度等方面进行评价。以天蓝色、硬度较高、质地较好、杂质含量少、块度大者为佳。

4. 石英质玉石

石英质玉石是指以石英为主要成分的一类玉石的总称。由于形成方式、组成成分、结晶程度、结构构造等千差万别,因而形成了纷繁多样的亚种。

(1)基本性质。石英质玉石主要是隐晶质、显晶质的石英集合体,另外可含少量云母、绿泥石、黏土矿物和褐铁矿等。化学成分主要为 SiO_2,另外可含少量的 Ca、Fe、Mg、Mn、Cr 等微量元素。硬度为 6.5～7.0。密度为 2.55～2.65 g/cm^3。纯净时为无色,当含有不同的杂质元素或混入不同的矿物时,可呈各种不同的颜色。一般为玻璃光泽,有时显油脂光泽,透明—不透明。折射率为 1.53～1.54。

(2)品种。石英质玉石根据结晶程度、颗粒大小、排列方式、形成方式等可将石英质玉分为隐晶质玉石、显晶质玉石和 SiO_2 交代玉石三大类。隐晶质玉石包括玛瑙、玉髓、碧玉等;显晶质玉石包括东陵玉、密玉、京白玉、马来西亚玉、贵翠、塔玉、台湾翠等;SiO_2 交代玉石包括木变石、硅化木等。各个品种基于特征又可作进一步划分,至目前为止,全国已命名的品种有数十种,其中已制定标准的达十余种(廖宗廷等,2020)。

(3)真假鉴别。石英质玉石的鉴别较为容易,这是因为市场上很少用其他玉石来仿冒石英质玉石,即使存在,最有可能的是用玻璃仿冒,但用石英质玉石仿冒其他珍贵玉石的情况却十分普遍,如用马来西亚玉仿翡翠、用京白玉仿和田玉等。这种玉石的真假鉴别最值得重视的是与玻璃的区别,玻璃为均质体,与石英质玉石的物理性质存在差异,而且多数玻璃存在气泡,较易与石英质玉石区分。

(4)质量评价。石英质玉石的质量主要依据颜色、质地、透明度、大小、工艺等方面进行评价。一般来讲,颜色越鲜艳越均匀越好,质地越细腻越均匀越好,杂质越少越好,透明度越高越好,体积越大越好,工艺越精湛越好。

5. 青金石

青金石是一种古老而神圣的玉石,人类对它的开发和利用的历史可追溯至公元前 6000—5000 年。青金石之所以贵重,并受到历代统治者的青睐,其原因就是它那纯正而深沉的蓝色,即所谓的"天青"和"帝青色"。

(1)基本性质。青金石的主要矿物组成是青金石,另含少量方解石、黄铁矿、方钠石和透辉石等。化学分子式为 $(Na,Ca)_8(AlSiO_4)_6(SO_4,Cl,S)_2$。等轴晶系,单晶为菱形十二面体,一般以粒状和致密块状的单矿物集合体形式出现。硬度为 5～6。密度为 2.5～2.9 g/cm^3。有深蓝、青蓝、天蓝、紫蓝、翠蓝和绿蓝等颜色。玻璃光泽,树脂光泽。微透明—透明。折射率为 1.50。在短波紫外线下可发绿色或白色荧光。

(2)品种。根据矿物成分、色泽、质地等,可将青金石玉石分为 4 种,青金石(青金石含量大于 99%)、青金(青金石含量 90%～95%)、金格浪(含大量黄铁矿)、催生石(不含黄铁矿而混杂较多方解石)。

(3)真假鉴别。对青金石的鉴别需注意与仿冒品以及优化处理品的鉴别两个方面。青金石的仿冒品较多,从目前市场来看,主要的仿冒品有方钠石、蓝铜矿、含蓝线石石英岩、染色碧玉、熔结合成尖晶石、合成青金岩、染色大理石、玻璃等。不过这些与青金石的基本性质存在明显差别,矿物组成以及所含的包裹体也明显不同,通过仪器测试不难将它们区分开来。市场上常见的上蜡、染色和黏合处理的青金石,其中上蜡和染色青金石可参照其他玉石的对应处理品进行鉴别。对于黏合青金石,它是由一些劣质的青金石被粉碎后用塑料黏结而成,在市场上具有一定欺骗性。鉴别方法是用热针触碰时会有塑料的气味出现,放大观察可以发现样品具明显的碎块状结构。

(4)质量评价。青金石的质量主要根据颜色、所含方解石和黄铁矿的多少以及加工工艺进行评价,珍贵的青金石应为紫蓝色,颜色均匀,方解石和黄铁矿含量少甚至没有,工艺佳。上述某些方面存在缺陷都会严重影响青金石成品的价值。

6. 寿山石

因主要产于福建寿山而得名,是雕琢图章的重要原料,与浙江昌化石、浙江青田石、内蒙巴林石一道,被称为中国传统"四大印章石"。

(1)基本性质。寿山石的主要组成矿物是迪开石,其次是珍珠石、高岭石、伊利石、叶蜡石、滑石、石英和绢云母等。化学成分变化大,无解理,贝壳状断口。硬度为 2.0~3.0,密度为 2.5~2.7 g/cm^3。颜色多样,主要有白、乳白、黄、淡黄等颜色,蜡状光泽,大多不透明—微透明,折射率为 1.560~1.569。在长波紫外线下发乳白色荧光。极致密结构,因而其韧度较高,适于雕刻。

(2)品种。寿山石的品种繁多,有的以产地命名,有的以不同的坑口命名,有的以石质命名。寿山石基本上可归纳为"田坑石""水坑石""山坑石"和"掘性石"四大类。田坑石是指水田里零星产出的寿山石,其中以黄色的品种最为珍贵,称"田黄石"。水坑石位于寿山溪坑头支流之源,采矿坑洞深入溪涧水下,因而称水坑石。山坑石是指分布在寿山、月洋两乡方圆几十千米内的山坑中的寿山石。掘性石是指掘于水坑石和山坑石矿洞附近的松软砂土层或拾于溪水中的块状玉石。

(3)真假鉴别。对寿山石的鉴定主要涉及仿冒品的鉴别、优化处理品的鉴别、拼合寿山石的鉴别、仿造田黄石的鉴别和不同品种的鉴别等问题。总的来讲,寿山石的鉴别较为复杂,也较为困难,正确的鉴别需要经过专门训练,同时还需要相当丰富的实践经验。

(4)质量评价。寿山石以田坑石为最佳,掘性石次之,水坑石又次之,山坑石最差。而每个亚种的寿山石又可按质地、色泽、净度和块度等对它们的质量作出进一步评价。质地细腻、透明度好、石性纯洁、色泽鲜艳纯正、纯净无瑕、块度较大者为佳。

7. 鸡血石

鸡血石主要产于浙江昌化(又称昌化石)和内蒙巴林(又称巴林石),是上等的雕刻材料,为中国传统"四大印章石"之一。之所以称鸡血石,是因其中的辰砂色泽艳丽,红色如鸡血,因而得名,它主要用于雕刻图章,也用于雕琢其他工艺品。

(1)基本性质。鸡血石主要由迪开石(85%～95%)、辰砂(5%～15%)组成,并含高岭石、埃洛石、明矾石、黄铁矿和石英等,为隐晶质—微晶质致密块状体,其外观似果冻,因而称冻石。鸡血石无解理,贝壳状为口。硬度 2.13～3.36。韧性较好。密度 2.53～2.68 g/cm³。颜色包括地的颜色和血的颜色两部分。地的颜色有白、灰白、灰、黑、青、粉红、紫红、黄、绿、棕等色,其间还有许多过渡类型。血的颜色常呈鲜红色,主要由血中辰砂的颜色、含量、粒度及分布状态所决定的。半透明—微透明,蜡状光泽,折射率一般为 1.55～1.60。

(2)品种。鸡血石按产地可分为昌化鸡血石和巴林鸡血石;按地的性质可分为冻地、软地、刚地、硬地 4 种;按地的颜色分为羊脂冻、红冻、芙蓉冻、藕粉冻、杨梅冻、黄冻、灰冻、黑冻、多色冻和瓷白地、红花地、石榴红地、朱砂地红地、瓜瓤红地以及刘关张、水草花、花生糕、羊脑冻、大红袍、红帽子等 20 余种。

(3)真假鉴别。鸡血石的鉴别主要围绕以下四个方面进行:一是与仿冒品的鉴别;二是拼合鸡血石的鉴别;三是人造鸡血石的鉴别;四是不同产地鸡血石的鉴别。正确的鉴别需要扎实的专业知识和丰富的实践经验。

(4)质量评价。鸡血石的质量主要从血、地、净度等几个方面进行评价。血的好坏由血色、血量、浓度和血形决定。质量上乘的鸡血石要求血色艳而正,还要活,并要融于地之中;血量要多,越多越好,而且要浓;血形以团血和线条较佳,点血次之。地的质量由颜色、透明度、光泽和硬度决定,要求地的颜色深沉而淡雅、半透明、强蜡状光泽、硬度小。净度以无瑕疵、无裂纹者为佳。瑕疵和裂纹的存在都会影响其质量。

8. 青田石

青田石因产于浙江省青田县而得名,晶莹如玉,质地坚密细致,为中国传统"四大印章石"之一。

(1)基本性质。青田石的组成矿物主要是叶蜡石、迪开石、伊利石和绢云母,并可由此划分类型。隐晶质—微晶质结构,块状构造。无解理,贝壳状断口。硬度 2.00～3.00,韧性较高。密度 2.50～2.70 g/cm³。颜色主要有白、黄、绿、青、褐、黑等色。蜡状光泽,大多不透明—微透明,折射率一般为 1.50～1.60。

(2)品种。按颜色、质地、透明度、纹理,可将青田石分为 20 多个品种,其中一些品种与寿山石的某些品种相似,以冻石最为名贵,其中,最珍贵和最著名的品种有封门青、灯光冻和五彩冻 3 个品种(戴苏兰,1999)。

(3)真假鉴别。市场上常见假品或伪品的,主要作伪手法有拼贴法和模压法。由于使用对角拼接工艺,较难识辨。鉴别时应仔细检验边角线,从中寻找拼接的蛛丝马迹。采用横压法鉴别仿品可用"一横二听三看四试"的方法。即手摸样品，真品有冰冷感，仿品感觉温暖；用手指弹，真品音较沉，仿品音较脆；对着强光看，真品边缘有透明感，仿品内隐约可见铁条痕迹；用刀刻，仿品如同塑料制品，用刀刻画无白色粉末，仅见卷曲的细丝。

（4）质量评价。青田石的质量主要依据纯度、净度、颜色、外观鲜艳度与纯正度、透明度等方面进行综合评价。纯度要求石质结构细密，具有温润之感；净度要求无杂质，具有清静之感；颜色要求不邪气，具有正雅之感；光泽鲜艳，具有恒丽之感；透度要求透明，具有冰质之感；要求有生命力，气脉内蕴，光彩四射之感。

除上述玉材外，市场上常见的玉材还有欧泊、珊瑚、琥珀、煤精、象牙等，可参考有关资料了解。

和田玉雕——《共舞》
作者：吴德昇

和田玉雕
作者：樊军民

独山玉玉雕
作者：刘晓波

岫玉玉雕
作者：唐帅

南红玛瑙玉雕
作者：何马

寿山石玉雕-
天工堡提供

第三章 加 工

"玉不琢,不成器"。实践证明,对于各种各样的玉石材料,绝大多数只有通过玉雕师的巧妙构思和鬼斧神工般的加工制作,方能成为精美绝伦的玉器艺术品,才能在自然美的前提下,最大限度地实现玉材的审美价值、商业价值和艺术价值。

第一节 工艺特点及技术要求

一、工艺特点

虽然玉石加工随科学技术的发展而不断进步,但由于受自身要求和性质所制约,使它具有相对稳定的工艺特点。

1. 减法出造型

减法出造型是玉石加工工艺的本质。玉石加工是通过琢、磨、抛等基本工序完成的。所谓"琢"就是切开,也就是将玉石原石中不需要的部分切除,或将大块的玉料切成所需要的小块,同时又为后面"磨"的工艺留下一定的余量。"磨"是指磨削,也是去除余料。"琢"和"磨"的不同主要体现在技术方法和工序上,"磨"包括倒棱、圈形、粗磨、细磨和抛光等工序。

"琢"和"磨"的减法性质要求玉石加工必须是渐进的、准确的,减料要逐渐进行,减多或减少都不会出现高质量的玉器成品,严重者可能会使玉料严重浪费,造成巨大的损失。因此,玉石加工需要先进的技术和丰富的实践经验,更需要在加工前对玉料进行认真研究,并根据具体玉料的特征作周密、细致的设计(彭花明等,1997;李海清等,2003)。从某种意义上说,玉石加工就是实现设计意图的过程和手段。

2. 手工艺性

由于玉石原料的特征千差万别,可以说世界上没有两块特征或形态完全相同的玉石,这使得玉石加工很难大批量一模一样地进行,特别是高档玉石,成品的重量和造型很大程度上由玉料的大小、形状和其他性质所决定。一块玉料往往只能加工成一件或几件不同的产品,而另一块玉石加工出来的成品则可能完全不同,无论在大小、体积和造型上都会有很大的差别。因此,尽管加工设备的机械化和自动化程度可能会越来越高,但玉石加工具体操作以及加工的重要环节则有可能永远是手工的。

3. 玉石种类不同,玉石的加工工艺有所不同

由于不同种类玉石在性质、质量、价值等方面存在着较大的差异,因此,要求实施不同的加工技术和方法。一些贵重的玉石(如翡翠、和田玉和欧泊等)由于受自身的性质、特征和价值影响,还形成了一些专门的加工工艺。当然,所有这些不同的加工工艺,就其本质而言都是一样的,都离不开琢、磨和抛,不同之处主要是具体的工艺技术和精度要求不同,从而使加工使用的设备、磨料等也会存在较大的差别。

4. 加工款式不同,玉石加工工艺的要求有所不同

玉石加工必须完整、准确地实现设计方案,不同的设计方案给玉石加工工艺和技术限定了范围,弧面型玉石需要使用弧面型加工工艺,玉雕需要采用玉雕的加工工艺等。也就是说,玉石的加工款式不同,加工工艺的要求也有所不同。

二、技术要求

玉石加工工艺是一门艺术创作特性极强的工艺艺术(陈兴汉,1996)。这决定了玉石加工并不是所有人都能做的工作,能成为玉石加工大师者,更可谓是凤毛麟角。玉石加工对加工人员有专门的技术要求,特别是对于翡翠、和田玉、欧泊等高档玉石,其技术要求更加严格。对于一般的玉石加工人员而言,必须具备5个最基本的技能。

1. 熟练掌握所加工玉石的物理化学性质和工艺性能

玉石的物理化学性质和工艺性能(如色泽、透明度、折射率、结构、瑕疵、脆性、韧性等)都可能对加工后的玉石成品起到决定性作用(彭花明等,1997),因此,加工人员需要对此作充分的了解。

2. 熟练掌握玉石加工设备的结构、操作方法和使用范围

玉石加工涉及各种加工设备,还可能涉及与计算机相关的自动控制,只有充分了解各种加工设备的结构、用途、操作方法和注意事项等,在实际开展玉石加工时,才能做到得心应手。

3. 熟练掌握不同种类玉石加工的工艺流程、操作规程和技术方法

同样是玉石,种类不同,其基本性质、经济价值等都会有较大的不同,因此,在对不同种类玉石进行加工时,采用的工艺流程、操作规程和技术方法等都会存在差异。为了实现加工意图,就需要充分了解不同种类玉石加工的工艺流程、操作规程和技术方法。

4. 能准确无误地理解玉石设计方案,并准确地通过加工工艺及操作实现设计意图

玉石加工既是艺术创作活动,又是有目的的商业活动(李海清等,2003),两者应互为融通,才能达到加工的预期目的,因此,只有准确无误地理解玉石设计的方案,才能通过加工准确实现设计意图。

5. 能对玉石成品的质量和价值作出较准确而合理的评价

玉石加工要实现艺术创作活动与商业活动的互融共通,才能使玉石加工永葆青春活力,要做到这一点,必须具备能对加工成品的质量和价值做出合理评价的能力。

要达到上述基本要求,除需要学习并扎实地掌握玉石学、玉石加工工艺学、工艺美学以及加工机械设备性能、使用范围和使用方法等基本知识外,还需要长期积累加工经验。专业理论知识掌握得越扎实,实践经验越丰富,玉石加工水平就会越高。

第二节　设备、工具及工艺材料

俗话说:"没有金刚钻,莫揽瓷器活。"对玉石的加工也是一样,没有专门的加工设备、工具、工艺材料,就无法对其进行精确加工。

一、设备

要把玉石材料加工成玉器,必须借助一定的设备,而设备是随着科学技术的发展而不断改进和发明的。目前加工设备的种类繁多,但根据其在加工中所起的作用,可将加工设备分成以下几大类。

1. 切割设备

切割设备的用途一是分割原石,即把大块料分割成小块料,或把大块玉料上的废料剔除;二是预形,即把毛料修整为初步的造型(毛坯)。根据用途不同,切割设备又可分为下料机(开石机)和修整机两大类。下料机(开石机)主要是用于分割较大块的玉料;修整机主要用于分割小块的玉料和修理玉器毛坯。

2. 磨削设备

磨削设备主要用于磨削玉料使之出造型。根据磨削方式和磨具不同,磨削设备可分为轮磨机、盘磨机、带磨机和滚磨机等。轮磨机的主要功能是倒棱和圈形,即磨削玉器毛坯使之成造型雏型；盘磨机多用于磨削平面；带磨机主要用于磨削各种弧面；滚磨机主要用于磨削以除去毛坯的棱角使之变圆滑。

3. 抛光设备

抛光设备主要用于玉器抛光。一些加工厂不设置专门的抛光设备，而是用磨削设备更换磨具、磨料来替代抛光设备。

4. 钻孔设备

钻孔设备主要用于打孔。挂件、耳坠、珠链、把件等玉器均有钻孔环节。目前常用的钻孔设备有两种，即机械打孔机和超声波打孔机。

二、工具

工具泛指在加工过程中使用的直接作用于玉石的工具，由于玉石的硬度一般比较高，韧性也比较大，因此必须使用一些特殊的专门工具。这些工具形制复杂，种类繁多。根据功能和用途可将其简单分为雕琢工具、打孔工具和抛光工具三大类。

1. 雕琢工具

在玉石加工过程中使用最多的雕琢工具是砣，是安装在"水凳"或电动机械横轴上，可以旋转使用的各种工具的泛称。根据功能和形状，可将砣分为以下几种。

（1）铡砣。它是用薄铁片制作成的片状圆形无齿锯。其功能一是用于玉料切割，也就是像铡刀那样把玉料切割开来；二是出坯，就是把玉料上多余的部分切掉。传统铡砣的规格并没有统一标准，往往是玉雕师根据需要制作。基本原则是铡砣的半径略大于被切割玉石的最大直径。

（2）錾砣。它是用薄铁片制作成的直径稍小的片状圆形无齿锯。其功能以切割为主，经过铡砣处理好大块玉料之后，进一步进行玉器雕琢的工具。由于锯片直径小，操作起来灵活，不仅可以用于雕刻的錾、标、扣、划等切割，也可作贴、靠等磨削，用錾砣基本可以完成玉器粗雕的所有工序。

（3）钩砣。它是直径更小的片状圆形无齿锯。与铡砣、錾砣不同的是钩砣砣口沿部有数种变化形式。从横剖面图看，钩砣侧面可以是厚薄不一的长方形、梯形、倒梯形、圆边形、平顶透镜形、圆顶透镜形等。加工时需要不断蘸解玉砂浆。其主要功能是刻画玉器纹饰花纹和线条，还可用钩砣的平顶和边缘磨削加工玉器，行业中把用钩砣的圆面和平项磨削玉器称顶，把用刃边磨削玉器称掖。

（4）轧砣。轧砣的种类很多，有平口轧砣、快口轧砣、膛砣等，形状各异，主要用于玉器造型和进一步细化。

（5）冲砣。冲砣呈圆环状，形体较轧砣稍厚，主要用于较大面积的研磨。

(6)钉砣。钉砣是指形状、大小如同钉子的磨玉工具。形状像喇叭口,规格比较多。其功能表现为勾、掖、顶、撞等,是雕琢玉器细节部分的主要工具。

(7)碗砣。碗砣是指呈半圆形或半圆顶形的磨玉工具,是专门用于制作玉碗和圆弧形玉器的工具。

(8)膛砣。膛砣为圆球状磨玉工具,专门用于冲磨口径较大的玉器皿内膛。

(9)弯砣。弯砣是指用粗铁丝弯成弓形磨玉工具,专门用于掏口径小的玉器皿的内膛。如花瓶、鼻烟壶等器皿的内膛。

(10)磨砣。磨砣是用较厚铁板制成的磨玉工具,多用于磨平面和圆珠。

2. 打孔工具

在玉石加工过程中,打孔是一些玉器必不可少的工序,如玉佩挂绳需要打孔,项链珠子需要穿孔,透雕需要钻孔等。打孔工具主要是各类钻头,钻头根据形制主要分为实心钻、空心钻和套管钻,实心钻用于打眼和钻孔,空心钻用于钻较大的孔,套管钻用于套取料芯。

(1)实心钻是用来打孔的,钻头是实心的,形状为圆柱状,可长、可短、可粗、可细。实心钻古今差别不是很大,只是现代实心钻是采用电机作为动力。

(2)空心钻也是用来打孔的,钻头是空心的,形状为圆筒状,长短、粗细不同,主要钻直径较大的孔。打孔的原理和方法基本同实心钻。

(3)套管钻是为了套取料芯的专门钻石工具。套料取芯使用的套管实质也属于空心钻,与普通空心钻的不同表现在3个方面:①大小不同,空心钻体积较小;②形制不同,空心钻的圆周是完整的圆形,而套管的圆有缺口,以利于玉砂浆通过这一空隙进入钻头处;③功用不同,空心钻是打较大孔的主要工具,而套管钻则是套取料芯的专用工具。

3. 抛光工具

抛光是一门专业性较强的技术工作,在玉雕行业中,抛光工序与玉雕工序大部分是分开进行,也就是说玉器雕琢成型后,再由专门的工匠进行抛光。抛光工具相对简单,形状多为轮、盘、鼓、棒等形状。抛光工具的基质分软质,如毡砣、皮砣等;中硬质,如胶砣、木砣等;硬质,如锡盘、铜盘等。不同基质的抛光工具适用于不同的玉器,但又没有具体规定,完全凭玉石抛光师在实践中摸索,从中总结出适合于自己运用的方法和工具。

三、工艺材料

这里的工艺材料主要是指用于玉石加工的磨料、磨具和辅料等。

1. 磨料

磨料是用于琢磨和抛光玉石的材料,主要是一些具有一定硬度和韧度的粒状或微粒状矿物或矿物集合体。磨料必须具备的基本条件是：磨料的硬度比被加工的玉石硬度要高；有适当的抗破碎强度和自锐性；在高温下能保持固有的硬度；粒度和形状均匀；与被加工的玉石不产生化学反应等。目前用于玉石加工的磨料主要有金刚石、碳化硅、碳化硼、刚玉以及主要用于抛光的硅藻土等。

2. 磨具

磨具是玉石加工中最重要的切割、磨削和抛光器具。根据在玉石加工中所发挥作用的不同，磨具可分为切割磨具、磨削磨具和抛光磨具三大类；根据磨具与磨料的附着关系，又可分为固着磨料磨具和游离磨料磨具。

（1）固着磨料磨具是指磨料被某种结合剂结合起来并做成一定形状的磨具，或磨料被附着于某基体上而成的磨具。常见的有金刚石粉锯片、砂轮、砂带、砂盘等。

（2）游离磨料磨具是指磨料不是黏附于磨具基体上，而是在磨具工作面上处于游离分散状态，此种磨具一般仅起支撑磨料进行磨削的作用，常见的有磨盘和抛光盘两种。

3. 辅料

在玉石加工中，除各种磨料和磨具外，还需各种辅助材料，包括冷却液、黏结材料和清洗材料等。

（1）冷却液。由于在玉石加工过程中，往往产生大量的热量，使玉石和磨具温度升高，故要使用冷却液降温。除冷却作用外，冷却液还有清洗和润滑的作用。玉石加工中常用的冷却液有自来水、油和皂化液等。

（2）黏结材料。黏结材料一般是在将玉石加工成戒面等小件作品时采用，主要用途是将玉石黏在操作棒上以便于加工。黏结材料必须具有良好的黏结性，适当的软化点，良好的热稳定性，良好的化学稳定性，无毒，无杂质等。常见的黏结材料有石蜡、虫胶、松香、黑火漆、火漆胶、绿条胶、红胶、502胶和木漆等。

（3）清洗材料。主要用于清洗黏结剂及玉石表面油污、灰尘等。常用的清洗材料有水、碱性溶液、酸性溶液和有机溶液等。

第三节 工 序

将一块玉料琢磨成精美的器物，要经过一系列的加工工序。中国在很早以前就已形成了一套较适用的程序，并随着时间的推移而日臻完善。到清代，琢玉程序已有捣沙、研浆、开玉、打锅、冲锅、磨锅、掏堂、上花、打钻、透花、打眼、木锅等一系列工序，反映了中国琢玉工艺的日益成熟。北京故宫博物院玉器馆有清代画师所作《制玉图》一套,这套图比较详尽地描绘出了中国传统制玉工艺的主要流程。科学发展至今天,玉石加工工序在继承传统的基础上已发生了变化,但从总体上看,玉石加工工序一般分为选料、设计、切割、琢磨、抛光5个主要阶段,每个阶段都有各自的内涵。

一、选料

选料是玉石加工的第一道工序,是为了正确、合理地选用玉料,以达到物尽其美、物尽其用之目的。选料涉及诸多内容,基本任务是根据玉石学的基本知识、方法和经验,判断玉石种类、品种及品质,合理使用玉料,力求好料精用。必要时还要进行去皮、切开等审查工艺,以挖脏遮绺,量料施工,避免或减少瑕疵对加工作品的影响。富有经验的工匠或艺人,凭着一双慧眼,能看穿被加工玉石的本质,选材精确,用料巧妙,使玉石加工作品效果突出,引人入胜。

(1)好料精用。上好的玉料一定要精心使用,有时一块形色俱佳、品质上乘的玉料本身就是一件极具欣赏和收藏价值的天然艺术品,可以稍加雕饰或不用任何雕饰,只需在其底下搭配一个高档的底座,就非常雅致,别有一番风味。在对优质玉料进行加工前,需要进行严谨的构思,启动创造性的灵感,展开独具匠心的设计,才能开始小心地雕琢。创意创新是精用优质玉料的永恒主题。

(2)次料合理利用。实际情况下,各方面都完美的玉料甚少,即使是和田玉子料也"十子九裂"。现实中,大部分玉料的质量都是一般的,或多或少都会带有绺裂和瑕疵。在利用玉料时要根据玉料的形态、质地、基本性质等加以合理的设计,使玉石的优良品质从内到外都得到释放,加工制作出来的作品才能错落有致。次料若利用得好,有时可达到变劣为优,变废为宝的效果。

(3)小料大用。现实中完整度非常高的大块玉料极其稀少,因此,使用小料时要求玉雕师独具匠心、巧妙构思,要根据玉料具体特点来施展加工工艺,最大限度地挖掘创新元素,使玉石加工作品在情感和视觉上均达到理想效果。

(4)俏色巧用。许多玉料具有皮、皮色、色斑、花纹等,它们是玉石加工的难点,巧加利用也可成为亮点。如果运用得当,将起到画龙点睛之效,可创造出极富艺术感染力和丰富想象力的精品,让人为之惊叹,激发人的想象力。俏色巧用要求玉雕师要具有丰富的想象力和阅历,以及独到的创作灵感和构思技法。

二、设计

中国玉石加工的设计起源于万年前。古人对漂亮的玉石进行精心构思与雕琢,创造出各种富有意味的形态,玉石的功能进一步扩展,从最初的生产工具到人身装饰再到具有宗教和政治意义的玉器,使玉器成为中国古代国家的"国威所系、皇权象征、统治理念、等级标志"。这在全世界范围内都是非常罕见的。

1. 玉器设计的概念

在远古时期,人类为了生产需要打造出具有特定功能的工具,在对石块敲击、打磨、钻孔的那一瞬间,设计也就随之自然而然地产生了。"敲击"与"打磨"并不是简单的"制作",人类的造物活动是一个行动与观念、实用与美相统一的筹划与决策的设计活动,即设计就是构思、设想、运筹和规划。在中国古代汉语中,"设计"最早的意思是"计谋"。如《三国志·魏志》中有:"赂遗吾左右人,令因吾服药,密因鸩毒,重相设计";元尚仲贤的《乞英布》中也这样写道:"运筹设计,让之张良,点将出师,属之韩信。"它们都意指"设下计谋"或是"谋略"。可见,"设计"在最初是以一种整体的、宏观的语义出现在人们观念中。按照这一标准,我们可以把玉石加工的设计解释为:在进行玉石加工之前,根据玉料的大小、颜色、质地、纹理和瑕疵等因素,按照因材施艺的原则,构思和设计所要雕琢成的玉器形状,在玉料上画出图样,并提出玉石加工的方案,为具体实施玉石加工打下基础。在设计中,人是玉雕设计的主体,玉料是设计的对象,最大限度地利用玉料和表现玉质的美感是基本原则,雕琢出精美的玉器是终极目标。

玉石加工设计决定着玉石加工的成败,具有非常高的要求。设计者要具备扎实的专业知识,广博的文化知识,深厚的人文修养和艺术素养,丰富的实践经验。在古代,玉石加工设计者大部分是年龄较长的玉工,因为他们经验丰富,见多识广。在多数情况下,玉石加工设计工作要贯穿玉器制作的始终,因此玉石加工设计者往往也是雕琢者,两者常常合而为一。

2. 设计过程

玉石加工设计是一项艰苦的脑力劳动,是人与玉料融合的过程,只有从不同角度、方向反复进行审视,才能发现玉料的美与瑕,真正做到成竹在胸,意在笔先。大型贵重玉器的设计时间一般都比较长,特别是俏色玉件的构思设计,必须先画在纸上,反复斟酌酝酿,设计完美后才能描绘到玉料上,雕琢者再根据题材图案的线条进行加工。玉石加工设计包括相玉、构想、绘样等过程。

(1)相玉。相玉也称为审玉或审料。玉料间的差别很大,大小、形状、颜色、透明度、绺裂等特征各异,这些特征就是一种未经人工雕琢的自然景物。相玉就是仔细观察玉料的形状、颜色、质地和绺裂等,视其具体情况构思可作何器。玉石加工是减法艺术,完全不同于绘画,绘画可以在空白的画纸上任人挥毫泼墨,在创作上有许多随意性。而玉雕只能在特定的玉料上量料取材,因材施艺,只有在切割和雕琢之前对玉料多观察、多研究和多思考,寻找出与之相适应的题材,才可以减少工时和避免浪费玉料。这反映出玉石雕琢只能根据玉料来确定造型,也就是说必须以玉料为基准,寻找与之适应的题材,并力求显现玉石本身的自然美,努力发现玉料蕴藏的价值,提高玉料的利用率,从而创造出精美的作品。可见相玉是玉石加工设计中非常重要的一环,古代总结出"一相抵九工"的谚语,这就是实践经验的精髓。

(2)构思。在玉器设计过程中,相玉的过程是作品孕育的前奏,设计人员通过相玉,做到对玉料心中有数。在此基础上进行构思创作,并将方案绘制于玉料之上。中国人崇尚玉,赋予玉心灵的寄托,常常会用一些寓意深刻、耐人寻味的构图来表达人们内心对幸福生活的向往和对艺术的追求,如玉石山子雕,其特点是在保留玉料的天然外形的基础上,以各种名人、名山、名水、诗词、典故为内容,把大自然的千姿百态、人文环境、美好的传说浓缩在一件立体的玉器上。北京故宫博物院的《大禹治水》和《会昌九老》是和田玉山子雕的精品,是玉器设计构想成功的典范。

(3)绘样。绘样就是根据设计和构思在玉料上绘制所要雕琢玉件的图样。传统上称"描样""画活"。绘样一般有两种方式:对小件玉器,可直接在玉料上描样,不需要画纸样,对大件玉器,先审玉,根据玉料的形状、大小、颜色等因素,构思出拟雕琢玉器的形状,确定要表现的主题,然后将构思的形状和主题用画笔绘在图纸上或玉料上,使其形象地显现出来,这是一个由虚转实的重要过程。

三、切割、琢磨和抛光

玉石加工的技巧千变万化,基本工序是切、磋、琢、磨。中国古代《诗经》中有"如切如磋,如琢如磨"的诗句,表达的就是玉石加工的基本工序。

1. 切割

切割也称"开料"或"锯割",是实施玉石加工实践的第一道工序,有些小块或精品玉石的加工不需这一工序。切割就是指把体积或重量较大的玉料锯开,分成两块或两块以上体积或重量较小的玉料块体,以便工匠进行合理利用。在雕刻工艺上,玉料越大,越珍贵,原则上要求对玉料尽可能用到最大限度,尽量减少对大块玉料的破坏。然而在现实加工实践中,有一些特殊情况必须把玉料锯开。如制作炉瓶等体积较大的玉器皿,一般都选用体积或重量较大的玉料,有时在玉料体积或重量特别大的情况下,就必须要把玉料切开成适当的块体再使用。遇到体积或重量较大的玉料,且在玉料的某一部位有一道或几道比较大的裂或绺无法遮掩时,也只能沿裂或绺的走向实施切割,把玉料不需要的部分剔除出来,才能进行下一步的加工。

2. 琢磨

琢磨是玉石加工实践的第二道工序。一件玉雕作品造型的优劣,关键在于琢磨的质量。琢磨的过程涉及磨料与磨具的选用，玉石的琢磨是通过与磨料配合的磨具来进行的。通常有两种形式：一是以松散或游离的磨料琢磨；二是以固着的磨料琢磨。前者是通过将磨料加水制成悬浮液附着在某些工具（如铸铁平磨盘）上，借助于磨盘的旋转及施加于玉料上的压力使磨料对玉石进行琢磨，这种形式是传统玉石加工琢磨方法较常采用的。后者则是通过树脂、金属、陶瓷等结合剂将磨料固着在一定的基体上，并制作成磨具，从而对玉石进行琢磨，现代玉石加工多采用这种方法，如由碳化硅粉制成的磨具称碳化硅磨具，包括各种类型的砂轮、砂条、砂布、砂纸等，其中碳化硅砂轮最为常用。琢磨一般包括粗雕和细雕两道工序。

（1）粗雕。粗雕又称作坯工，就是根据玉石加工设计的要求，按照描样的线条去掉玉料上的多余部分，初步形成玉雕作品的基本造型。这一道工序主要的功能是解决玉雕作品的造型问题，是整个玉雕是否成功的重要基础。粗雕直接从玉料上锯切多余部分。由于玉石切割后的材料具有不可复原性的特征，所以在加工雕琢之前要特别慎重。因此，古代玉雕行业在粗雕阶段制定了严格规范的工艺程序，并总结出许多技术经验。粗雕工艺主要有切块分面、平底、二次描样、推落派活、首次修正等，主要采用铡錾、冲轧、钻孔3种技术，需要铡砣、錾砣、冲砣、磨砣、轧砣、钉砣、管钻等工具。

（2）细雕。细雕又称细作，为仔细雕琢之意，是相对于粗雕而言。细雕的目的是对玉雕作品的造型进一步精细刻画，使雕琢的花鸟鱼虫、人物山水、飞禽走兽等从基本轮廓达到逼真状态，并且还要表现出有动感、有表情的细微特征。细雕主要有勾细样、精细定位与派活、二次修整工序，需要轧砣、钩砣、钉砣、膛砣和各种形状的磨棒等磨削工具。

3. 抛光

抛光是用抛光工具携带磨料在玉雕作品表面进行磨细的技术，是玉石加工中的最后一道工序或环节，其作用非常重要，而且往往不可替代。因为在雕琢阶段，无论如何精雕细磨，玉雕作品的表面始终都是比较粗糙的，显示不出玉石的细腻润泽和美丽，只有经过认真细致的抛光程序，才能使玉雕作品显现出圆滑明亮的外表，产生温润光洁的效果，具有高贵典雅的气质，凸显玉器的艺术价值。抛光工艺过程首先是去粗取细，用抛光工具除去玉雕件表面的糙面，把表面磨得很细；其次是罩亮，用抛光粉将玉雕作品表面磨亮；最后是清洗，用清水把玉雕作品上的污垢清洗干净。至此，经过切割、琢磨、抛光等工艺或工序，基本完成了由玉石原料转变为玉器作品的全过程。也就是说，只有经过抛光之后的玉雕作品，才能被称为是真正意义上的玉器。

玉石加工是属于艺术性范畴的创造劳动，加工人员的技术水平高低和认真负责与否,是加工制作能否取得成功的关键因素。中国的玉石加工工艺以高超精巧的技艺称誉世界,正如国际上的许多学者、艺术家所说的那样,玉石及其加工雕琢的特技,是中国人的天才创造和杰出贡献。

经过上述几道工序后,玉器基本制成,但制作过程并未完全结束。上蜡或过蜡也是玉石加工在抛光之后一般要进行的一道工序。上蜡的作用不仅可以使玉器表面更光滑,还可以遮掩一些细小的裂纹。对于多孔隙的玉石材料如绿松石等,还可以起到免受污染、增加结构稳定性及改善颜色等作用。从玉雕工艺上讲,它并不属于玉石加工的雕刻技术,而是对玉器进一步美化的处理技术。在上蜡完成后,还应该为成品玉器配上富丽的装潢,如配座和配匣等,以进一步美化和保护玉器,进一步提高玉器作品的身价。底座是玉器的主要装潢,一般用木、石、金属等制作,其形状、高矮、厚薄和造型雕刻都应以玉器作品的造型为依据,与之浑然一体。包装盒是玉器的另一重要装潢,在现代社会中受到高度关注。制作玉器包装盒要努力做到设计合理、精致玲珑、高贵典雅,要充分体现玉器作品的珍贵程度,也要尽力保持和发扬中国特有的风格,最大限度地体现中国传统文化。

总之,一件玉器的制作从选料开始,直到装进包装盒才算最终完成。在此过程中,凝聚着玉石加工人员的无数心血。加工制作一件玉雕作品,少则数天,多则数十年,稍不留意就有损坏的危险。玉器是琢玉艺人历经风险,费尽心思的最终结晶,所以一件玉雕作品不仅因玉料稀有而珍贵,而且因加工制作者付出的艰辛劳动和智慧而更显难能可贵。

第四节　纹饰及图案

玉器上往往要雕琢各种纹饰和图案,以装饰玉器和表达某种特殊意义。纹饰和图案是中国玉器加工极其重要的内容。

一、纹饰

纹饰可以说是玉器的符号,也是历代玉雕技艺精益求精的见证,每个朝代玉器上的纹饰都有其时代风格,它们或简单素雅,或纷繁精美,或飘若游云,或矫若惊龙。纹饰对于玉器艺术品来说,是一种锦上添花的存在,每一种纹饰又有其独特的寓意,或是图腾崇拜、或是敬天地、或祭祀祖宗、或源于生活,根于需要,寄托着人们美好的朴素愿望。

1. 几何纹饰

几何纹饰包括云纹、蒲纹、乳钉纹等数十种。

(1)云纹由云头和云尾组成,线条柔和回旋,多成组出现在玉坠、玉璜等平面器物上。云纹流行于春秋战国至清代,战国两汉玉器上多为抽象的几何云纹,春秋战国时期还出现勾连云纹,魏晋以后开始出现写实的云纹,唐代后则以如意形云纹较为普遍。

(2)蒲纹由数条平行直线交叉形成一定格形花纹,纹形类似编织的蒲席,因之得名,多流行于汉代玉璧上。由于雕刻刀法较深,又有一定的坡度,单个纹形呈浅浮雕般的六边形。蒲纹简单利索,朴素大方,装饰性较强。

(3)乳钉纹是一种高凸于平面器物上的圆乳钉状纹饰。流行于战国和汉代,战国时期玉器上的乳钉纹光洁圆滑,大小相等,数十个到数百个均匀整齐地斜向排列。汉代以后出现了斜格乳钉纹,即在平面上琢有交叉平行的由斜直线组成的菱形格,每格内装饰一个凸起的半圆形乳钉,显得整齐大方。

(4)雷纹又称回纹,由方折角的回旋线组成,雷纹仅在一些神奇动物和礼仪玉器中偶尔出现,宋代以后多做边框装饰。

(5)谷纹由圆乳状颗粒加弯曲的短线组成,圆乳粒像谷粒,弯曲的短线似谷芽,因此得名。谷纹通常出现在各个时代的玉璧上,具有良好的装饰效果。

(6)绳纹的纹形似绳索缠状。流行于汉代以后的玉器中,多作为主体纹饰的辅助纹饰或界栏出现,所以又称为弦纹。明清时期,少数玉镯也制作成绞绳状。

(7)连珠纹由数个小圆圈定向排列组成。多装饰在带板、带扣等器物的边缘处。

(8)双圈纹由两个或两个以上大小不等的圆圈组成。流行于西汉的玉器上,一般出现在质地较差、做工粗糙、制作简单的器面上。

(9)环带纹是一种变形兽体纹,宽阔的环带似兽体的长躯上下起伏,又像波浪般连绵不断。流行于西周到春秋时期,常装饰于玉器的腹部和颈部等。

(10)涡纹的图形中部为圆圈形,沿边有四道至八道旋转的弧线,似水涡激起的形状。流行于夏代至战国时期,夏代涡纹只有中部的圆形,没有旁边的弧线,多装饰在斝腹部。西周中期后,涡纹外圈常饰以雷纹。春秋战国时期有弧线双勾的涡纹。除单独使用外,商末周初时期涡纹常与龙纹、雷纹等配合使用。

(11)重环纹由数个至数十个椭圆形环排列在细长的环形带内,环绕器身作为装饰。环有一重、二重、三重等不同形式,每环的一端为凸起的半圆形,另一端为凹入的半圆形。这种纹饰流行于西周中晚期。

其他几何纹饰还有三角形、四边形、多边形、八角形等。

2. 动物纹

动物纹来源于人们想象中的动物或现实中的动物。

(1) 兽面纹也称饕餮纹，流行于新石器时代晚期至战国时期。良渚文化玉器中的兽面纹以小重圈表示眼睛，外框有椭圆形凸面作眼睑，在眼睑、鼻、嘴部位雕刻有细致的卷云纹或弧线、短直线。商周时期的兽面纹大多以鼻梁为中心线，对称雕饰眉、眼等部位，巨口大张，有的还雕出獠牙，显得威猛凶恶。战国时期的玉剑饰和玉璧上常见兽面纹，这时的兽面纹雕刻精细，工艺水平高。明清时期，有些仿古玉器仍雕有兽面纹，但雕琢粗糙，失去了真品的气势和神韵。

(2) 螭纹。螭是古代传说中的一种神兽，因多呈盘曲婉蜒或攀缘状，常称之为蟠螭或螭虎。玉器中的螭纹最早出现于战国时期，造型为蜿蜒蛇形、龙形或四足走兽形。

(3) 夔纹。夔是神话传说中的一种无角、一足的动物。玉器上夔的形象多似龙，有一角一足，躯体细长，嘴巴张开，尾部上卷，做爬行状。夔流行于商中期至西周前期，夔纹大多饰于器物颈部，几个花纹首尾相接缠绕一周，也有的饰于器物肩部或腹部，变形成三角夔纹，或在器腹中部对称组成兽面纹。

(4) 蟠虺纹。蟠虺是传说中的一种小蛇。各种形态的小蛇相互缠绕构成四方连续的几何图案，布满器物全身。流行于春秋战国时期。

(5) 凤鸟纹的纹饰为凤鸟的形状。始于新石器时代，一直延续到今天，不同时代的凤鸟纹具有明显不同的特征，如在新石器时代河姆渡文化遗址中的凤鸟纹造型简单，制作粗糙，仅用阴线刻出轮廓；汉代的凤鸟纹为三叉花形冠，曲颈挺腹，喙连于翅边，长尾下垂后卷，用细小的阴线刻画五官和羽翅，制作非常精细，造型美观；明清时期的凤鸟纹形如孔雀，头顶为如意形花冠，眼睛细长，俗称丹凤眼，颈部、双翅及形如孔雀的细长尾部刻画得非常精细，形象逼真。

(6) 龙纹的纹饰为龙形。不同时代具有不同的特征，新石器时代红山文化遗址出土的有玉猪龙，商代中期龙纹刻画的龙的头部较大，多做张口露齿状，眼睛用双勾阴线刻画成"臣"字。清代龙纹刻画细腻精致，龙爪前伸。

(7) 鱼纹流行于新石器时代至明清时期。红山文化和良渚文化的玉器中都有雕刻玉鱼，造型较简单；商代玉鱼纹饰数量较多，开始对细部进行刻画，大圆圈眼，鱼背和腹部用阴线刻出鱼鳍，鱼身刻有长圆形鱼鳞。战国、秦汉、南北朝时期及唐代未见大量的出土和传世玉鱼。宋金时期玉鱼身体弯曲，头尾上翘，胸部下垂，鱼鳞是密集阴刻的斜方格线，也有的无鱼鳞。元代玉鱼唇阔，口微张，眼边有半圆形眼眶，鱼身肥胖挺直，有斜格状鱼鳞。明代鱼纹为双环眼，身体较平整，鱼鳞刻画手法较多。清代玉鱼制作较粗糙，尾巴上翘，尾尖分为两叉。

(8) 蝉纹始见于良渚文化，盛行于汉代至明清时期。早期的蝉纹造型较简单，仅雕出蝉体轮廓。战国时期玉蝉用阴线刻画出头、腹、翅等部位。汉代玉蝉多为葬玉,作口含使用,蝉体扁平小巧,棱角分明,琢磨精细。明清时期玉蝉数量增多,用阴线或阳纹刻画出羽毛、肢爪等部位,头部多有穿孔,写实性很强。

(9)蚕纹流行于商周时期。由数个单独个体横向排列,组成环带围绕在器物口沿或足部。蚕的形象为圆头凸眼,蚕体卷曲。

(10)鸳鸯纹流行于宋代至明清时期,多用作图案纹饰,有时也被琢磨在圆雕的佩饰或陈列品上。

(11)雁纹始见于商代,唐宋时期较为盛行。

(12)鹿纹流行于唐宋以后。鹿谐音"禄",有升官发财之意,是古代艺术品中常见的题材。

(13)鹤纹流行于宋代以后,明清最为流行。鹤有长寿的寓意,鹤纹常与松树、小鹿、乌龟或者寿星一起组合成吉祥图案,寓意同享高寿。

(14)龟纹始见于新石器时代,并一直延续到今天。龟是我国古代的神兽之一,是长寿的象征,常用于名贵的工艺品上。

3. 人物纹

人物纹是一种以人物为主要题材的纹饰,包括神人、仙人、英雄和普通人等。始见于新石器时代晚期,其后历代均有出现,尤以明清为多。新石器时代人物纹仅有头像,质地较差,琢制粗糙,也有些用线雕刻出人面形象,人物的头、发、冠、鼻、口均细致入微,活灵活现,以良渚文化出土的玉器的人物形象成就最高。商代开始有人物的全身图案,这时期人物的眼、鼻、口轮廓用双钩阴线雕出,眼为臣字眼,面部表情较呆板。战国和汉代流行乐舞人物纹,玉片造型多为扁平状,多为女性,作甩袖舞蹈状,雕刻精细,线条流畅。唐代的一些玉器上琢刻有深目、高鼻和胡人乐舞图案。明清时期人物纹大量出现,主要有婴戏纹、四喜纹、童子玩莲纹、童子攀枝纹、玉佛像及山水人物等题材。

4. 植物花卉纹

植物花卉纹是古代玉器常见的纹饰之一。流行于唐代后期,唐代的花卉纹主要为荷花,多穿枝过梗,与凤鸟纹雕琢在一起。宋代荷花出现较多,构思巧妙,荷花的花、茎、果都雕刻得细致入微,琢磨也很细腻。宋代以后,除流行荷花外,吉祥图案开始流行,国色天香的牡丹花纹作为荣华富贵的象征,成为玉器的主要纹饰。明清时期,玉雕中各种植物花卉大量出现,如牡丹、荷花、梅花、桃花、兰花、白菜、扁豆、葫芦、葡萄、石榴、竹等,多含有吉祥寓意,制作细腻,琢磨光滑。

二、图案

被精心雕刻的玉器好像是只会说话的宠物,向你叙说它的含义,让人心领神会地去享受传统文化带来的精神上的愉悦,这就是玉饰品文化的真谛。玉石行有句古话,叫"玉必有工,工必有意,意必吉祥"。吉祥造型、传统题材的玉石一般采用借语、谐音、比喻等来刻画吉祥的内容,如竹子上刻有蝙蝠就表示祝福,竹谐音为"祝",蝠为"福";如在人参背后刻如意,则表示"一生如意",参谐音为"生"。只有多学习中国传统文化,才会对玉石造型有更广泛的了解。

1. 表示吉祥如意的图案

(1)年年有余:图案为两条鲶鱼。"鲶"与"年"谐音,鱼的音同"余"。民间以此表示对温饱型小康生活的向往。

(2)必定如意:图案为毛笔、银锭和如意。"笔"与"必"谐音,"锭"与"定"音同,组合起来为"必定如意",寓意做事结果必定称心如意。

(3)群仙祝寿:神话传说中的3月3日为王母娘娘的生日,这一天各路神仙前来祝贺,以此场面作为玉器图案,取喜庆吉祥之意。

(4)样样如意:在如意形玉器上雕两只"羊"的图案。"羊"与"样"谐音,组合起来为"样样如意",以表示对美好生活的愿望或祝贺。

(5)福从天降:图案为一活泼可爱的胖娃娃正伸手抓一只快到手边的蝙蝠,意为福从天降,希望幸福生活马上降临。

(6)流云百福:图案为云纹、蝙蝠。云纹形若如意,绵绵不断,蝙蝠寓福,图案象征幸福如意或幸福绵延无边。

(7)三星高照:图案为3个老神仙。三星是传说中的福星、寿星和禄星,他们专管人间福祸,各司福、禄、寿职。图案表示幸福、富有和长寿之意。

(8)报喜图:图案为一豹一喜鹊。"豹"与"报"音同。寓意有非常好的消息,喜事即将降临。

(9)二龙戏珠:图案为两条龙头部相对,共含一火球(珠)。民间传说认为龙珠可以避水防火等,故以此图案祈求避邪免灾,吉祥如意。

(10)龙凤呈祥:图案为一龙一凤。龙是中国人的图腾,中国古代人认为龙有无穷的本领,凤为百鸟之王,有龙凤出现的地方必定会天下太平,五谷丰登,所以龙凤是一种祥瑞的象征。

(11)喜上眉梢:图案为梅花枝头有两只喜鹊。古人认为鹊能报喜,故称喜鹊。两鹊寓双喜,"梅"与"眉"谐音。希望或祝愿心情快乐,如意吉祥。

(12)双喜临门:图案为两只喜鹊站在门外一树枝头上。寓意两件喜事一起到来,使人无比快乐。

(13)事事如意:图案为柿子和如意。"柿"与"事"谐音,柿子和如意的组合寓意万事如意。

(14)福在眼前:图案为蝙蝠和有孔铜钱。有孔铜钱,谐音"眼前"。组合图案表达的是一种美好的祝愿,表示福就在眼前。

(15)金玉满堂:图案为数条金鱼,寓意财富极多,学识丰富。

(16)富贵万代:图案为牡丹、蔓草卷延。蔓草是带状藤蔓植物,"蔓代"与"万代"谐音。富贵万代寓意子孙都过着富裕的生活。

(17)白头富贵:图案为白头翁、牡丹。"白头翁"取其中"白头","牡丹"代表富贵。民间常用此图案来比喻夫妻和睦,富贵吉祥,白头谐老。

(18)吉祥如意:图案为童子手持如意骑在大象上。"骑象"与"吉象"谐音,"如意"比喻如人之意,两者组合寓意对美好生活的向往。

(19)纳福迎祥:图案为童子抓蝙蝠,寓意洪福吉祥相继到来。

2. 科举及第和官运亨通的图案

(1)平升三级:图案为一只瓶上插三只戟。"瓶"与"平"音同,"戟"与"级"谐音,组合起来寓意官运亨通。

(2)五子夺魁:图案为五个小孩抢夺一顶头盔。"五孩"即"五子","夺魁"为夺得头名,组合起来寓意科举高中,仕途通达。

(3)喜报三元:图案为喜鹊二只、桂元或元宝共三件。古时将科举乡试、会试、殿试的第一名分别称为解元、会元和状元,喜鹊为报喜鸟,三桂或三宝寓三元,寓意考试高中,官运亨通。

(4)马上封侯:图案为一匹马上有一只蜜蜂和一只猴。"蜂"与"封"谐音,"猴"与"侯"谐音,表示急于飞黄腾达的愿望。

(5)太师少师:图案为一大一小两只狮子。太师是古代人臣极品的高官,"狮"同"师",寓太师、少师。寓意教子成龙,辈出高官。

(6)一路连科:图案为鹭、莲花和芦苇。"鹭"意为"路","莲"意为"连","芦"音同"路"。芦苇生长常是棵棵连成一片,故取意"连科"。旧时科举考试,连续考中谓之连科。

(7)连中三元:图案为荔枝、桂圆和核桃。三者果实均为圆形,"圆"与"元"谐音,寓意连中三元。

(8)功名富贵:图案为牡丹和雄鸡。雄鸡即公鸡,"公"与"功"、"鸣"与"名"谐音,喻功名,牡丹象征富贵。

(9)平步青云:图案为风筝高入云端。青云指高空,亦称直上青云,寓意仕途得意,步步高升。

3. 表示长寿多福的图案

(1)松鹤延年:图案为仙鹤、松树。松树除具长寿之意外,还是气节的象征。松鹤构成一图,具有长寿与气节清高之意。

(2)鹤鹿同春:图案为一鹤一鹿一松树。鹤是仙鹤,鹿为梅花鹿。仙鹤与梅花鹿都是传说中的仙物,是长寿的象征,松比喻生命力旺盛。鹤鹿同春寓意富贵长寿。

(3)龟鹤齐龄:图案为一龟一鹤。中国古人认为龟寿万年,鹤寿千岁,以两者作为长寿的代表。龟鹤齐龄寓意同享高寿。

(4)福禄寿喜:图案为蝙蝠、鹿、桃和"喜"字。"蝙蝠"寓"福","鹿"同"禄",桃为仙桃,传说食仙桃可长生不老,故以桃寓长寿。

(5)五福捧寿:图案为五只蝙蝠围绕一个仙桃或一个寿字,古人心目中五福是"长寿、富贵、康宁、好德、善终",主要表达福寿相齐的美好祝愿。

(6)多福多寿:图案为一个仙桃和数只蝙蝠。"仙桃"寓"寿","蝙蝠"寓"福",两者组合寓意多福多寿。

(7)福禄寿全:图案为蝙蝠一个,寿桃一个,古钱二个。"蝙蝠"寓"福","桃"寓"长寿","钱"寓"禄",三者组合象征福禄寿全。

(8)福寿三多:图案为几只蝙蝠,几个仙桃和一个石榴。"蝙蝠"寓"福","仙桃"寓"寿","榴"取多子之意,三者组合寓意多福多寿多子。

(9)福至心灵:图案为蝙蝠、寿桃和灵芝。此处的"桃"借其形如"心","灵芝"与"灵"字谐音,寓意幸福且聪明。

(10)寿比南山:图案为山、水、松、树或海水、青山,"海"寓"东海"。全图意为福如东海长流水,寿比南山不老松。

(11)长命百岁:图案为一雄鸡伸颈长鸣,鸡旁有许多禾穗。雄鸡"长鸣"谐音"长命",两者组合寓意长命百岁。

(12)长命富贵:图案为一雄鸡伸颈长鸣和一枝牡丹花。牡丹花是百花之王,是富贵的象征,两者组合寓意长命富贵。

(13)富贵平安:图案为花瓶、牡丹和苹果。"苹"与"平"谐音,"牡丹"寓意富贵,几者组合起来寓意富贵平安。

(14)九世同居:图案为鹌鹑、菊花。菊花因其素雅高洁,常比之为君子。这里"菊"与"居"谐音。"九只鹌鹑"寓"九世"。九世同居寓意大家庭和睦安康。

(15)富贵耄耋:图案为牡丹、猫和蝴蝶。耄耋是对八十岁至九十岁老人的称谓。"耄耋"与"猫""蝶"谐音,牡丹代表富贵,几者组合起来寓意富贵耄耋或富贵长寿。

(16)并蒂同心:图案为并蒂莲,也叫并头蒂,为荷花变种之一,指一枝花梗上长出两朵莲花。并蒂莲用来比喻夫妻恩爱、形影不离、白头偕老。

(17)五福和合:图案为一个盒子飞出五只蝙蝠。五福是"长寿""富贵""康宁""好德""善终"。"蝠"与"福"谐音,几者组合寓意五福和合,美满幸福。

(18)和合二圣:或称和合二仙。图案为"和"与"合"二位神仙。清雍正年间封天台山寒山大士为和圣,封拾得大士为合圣。民间年画常绘二圣,一圣持荷花,一圣捧圆盒,盒内盛满珠宝,并飞出一群蝙蝠,寓意财富无穷无尽。"荷"与"和"、"盒"与"合"谐音,取和谐好合之意。和合二圣寓意夫妻和睦,福禄寿无穷。

4. 表示多子多孙的图案

(1)连生贵子:图案为荷花中有一小孩。荷花的果实是莲子,借此比喻连续、连绵之意;"小孩"即"孩子"。此图寓意连生贵子,人丁兴旺。

(2)麒麟送子:麒麟有祥瑞之兆,图案表达了新婚男女家庭或人丁不旺或久婚不育家庭希望尽快得子的强烈意愿。

(3)流传百子:图案为一开嘴石榴、葫芦或葡萄。中国传统文化认为多子多孙便是福。石榴多子,葡萄多子,葫芦也多子。借以表示多子多孙多福之意。

(4)送子观音:图案为一观音像旁有多个可爱的娃娃。在中国古代民间传说中,观音菩萨大慈大悲,救苦救难,有求必应。其中送子观音是能保佑人生子的观音菩萨。祝愿个人或家庭尽早实现早生贵子。

5. 其他图案

(1)诸事遂心:图案为几个柿子、桃子。几个柿子指"诸事",桃形如心,整体组合寓意诸事遂心。

(2)万象升平:图案为一大象身上刻有"卐"字形花纹,并刻有一瓶。"卐"读"万",象身上有一瓶,寓意盛世出现,万象升平。

(3)四海升平:图案为四个小孩共抬一瓶,"孩"与"海"谐音,寓意四海升平。

(4)八宝联春:图案为相连的八件宝器。佛家八宝为法螺、法轮、宝伞、白盖、莲花、宝瓶、金鱼、盘长,仙家八宝为鱼鼓、宝剑、花篮、笊篱、葫芦、扇子、阴阳板和横笛。八宝又称吉祥八宝,图案寓意吉祥如意。

(5)八仙过海:图案为八个仙人各持法器,在波涛汹涌的大海上施展法力。图案除寓意幸福吉祥之外,寓各自拿出本领和办法,相互协作,共同进步,取得胜利。

(6)英雄斗智:图案为一鹰一熊作争斗状。"鹰"与"英"、"熊"与"雄"谐音,"鹰熊"寓"英雄"。二猛禽凶兽相斗,二勇相争智勇者胜,以此来比喻英雄之大智大勇。

(7)岁寒三友:图案为松、竹、梅。松、竹经冬不凋,梅则耐寒开花。坚毅不拔的青松,挺拔多姿的翠竹,傲雪报春的冬梅,它们虽系不同属种,却都有着不畏严寒的高尚风格,它们在岁寒中同生,历来被中国古今文人所敬慕,被誉为"岁寒三友"。寓意忠贞的友谊,高尚的品格。

(8)兰桂齐芳:图案为兰草和桂花。以兰草比作高雅的君子,桂花花香袭人。"桂"音同"贵",寓意集富贵和高雅于一身。

(9)太平有象:图案为象驮宝瓶,宝瓶中插有花卉作装饰。"瓶"音同"平","大象"寓"有象",组合起来寓意天下太平,五谷丰登。

6. 常见单一图案的寓意

(1) 人物类：佛——福；观音——送子、送福、送财、救苦、救难；财神——招财进宝；寿星——长寿；孔子——尊师重教；老子——自然、有道；渔翁——福祥吉利；关公——忠义英勇、忠诚信义、发财致富；钟馗——驱邪除祟；罗汉——平安吉祥；如来——万佛之祖。

(2) 动物类：仙鹤——长寿、一品当朝；天鹅——纯洁、忠诚、高贵；雄鸡——长鸣；小鸡（五只）——五子（登科）；蝙蝠——福（气）；喜鹊——喜（气）；蝴蝶——爱情；蜘蛛——知足长乐、喜从天降；螃蟹——八方来财；壁虎——必得幸福；蝉——长寿、一鸣惊人；蝎子——甲天下、天下第一；甲壳虫——富早天下；蟾蜍——富贵有钱；鳖——独占鳌头；鱼——余、富足；鲤鱼——平步青云、跃龙门；金鱼——金玉满堂；百鸟图——百鸟朝凤；海螺——乾坤扭转；鹌鹑——平安如意；青蛙——呱呱来财；鹿——禄；象——吉祥、喜象；狐狸——聪明才智；獾——欢欢喜喜；狮子——勇敢、太师少帅；鼠——灵鼠献瑞、瑞鼠运财；牛——扭转乾坤、牛气冲天；虎——虎虎生风（威）；兔——玉兔灵芝、灵兔吉瑞；龙——龙腾云天；蛇——福禄玉蛇、金蛇飞舞；马——马到成功；羊——扬扬得意、二羊开泰；猴——封侯挂印；鸡——金鸡报晓；狗——拳拳之心；猪——福猪吉祥。

(3) 植物类：牡丹——富贵；梅花——傲骨长存；白菜——百财、多多发财；桃——长寿；穗——岁（岁岁平安）；辣椒——红红火火；茄子——长寿；南瓜——富贵；莲子——连生贵子；菱角——伶俐；莲藕——佳偶天成、路路通；花生——长生不老、生意兴隆；豆角——佛豆；柿——事；竹子——节节高升、胸有成竹；百合——百年好合；葫芦——多子多福；兰花——品性高洁；玉米——多子；石榴——多子；葡萄——多子；树叶——勃勃生机；莲荷——并蒂同心、清廉；灵芝——长寿；红杏——进士及第；松柏——傲骨；桂花——富贵；菊花——傲骨；盘长——通明；水仙——仙；桔——吉；海棠——玉棠富贵；芙蓉——荣华；枇杷——吉祥，等等。

(4) 其他类：磬——吉庆；瓶——平安；如意——事事如意；茶壶——启福迎祥；谷纹——五谷丰登；风筝——青云直上、春风得意；琴（棋、书、画）——雅兴、高雅、学识；八卦——阴阳调和；扇——善，等等。

捣砂研浆

开玉

轧砣

冲砣

磨砣

掏堂

上花

打孔

透花

打眼

木砣

皮砣

注：以上图片作者拍摄于唐帅艺术馆。

第四章 分 类

中国玉器有着丰富的文化内涵,人们研究中国玉器和玉器文化已经取得了丰硕的成果,但对其分类还了解得不够全面、系统。分类是我们认识事物的基础,本章试图从材料、用途、时间、工艺、造型等角度对中国玉器进行分类,以期有助于对中国玉器有更为全面的了解。

第一节 基于材料

国家标准《珠宝玉石—名称》(CGB/T 16552—2017)按珠宝玉石的形成方式、物质组成、矿物学和岩石学特征等,将珠宝玉石分为天然珠宝玉石、有机珠宝玉石、人工珠宝玉石等。按国家标准,制作玉器的玉石材料也可分为天然玉石、有机玉石和人工玉石等。

一、天然材质玉器

天然材质玉器,简而言之就是利用天然玉石材料加工制作而成的玉器。天然玉石种类繁多,各种玉材间特性差别较大,历史地位和人文价值也各不相同,进一步的分类一直是业界争论较多的问题。作者参考前人的研究成果,同时充分考虑玉石材料的自然属性、商业性、工艺性、历史属性和玉文化属性,总体将玉石分成三大类:玉、玉石和彩石(廖宗廷等,2015)。以此为基础,可将由玉加工制作而成的称玉器;由玉石加工制作而成的称玉石器;由彩石加工制作而成的称彩石器。

二、有机质玉器

简而言之,有机质玉器就是用有机质玉石材料加工制作而成的玉器。这些有机质材料与生物存在密切的关系,或其成因与生物作用密切相关,如珍珠、琥珀、煤精;或材料本身就是生物体的一部分,或象牙、砗磲、龟甲、珊瑚;其成因与生物作用相关,又可算作是生物体的组成部分,如桫椤化石玉、动物的化石等。

有机质玉石与无机质玉石的主要区别在于有机质玉石一定与动物或植物活动有关,服从于生物物理学、生物结晶的规律。因而,它们不可能进行人工合成,这与无机质玉石有着本质上的区别。

对于珍珠而言,有天然珍珠与人工养殖珍珠。慎重起见,天然珍珠的名称一般要加"天然"二字,如"天然珍珠""天然海水珍珠""天然淡水珍珠"等。而养殖珍珠可简称为"珍珠",海水养殖珍珠可简称为"海水珍珠",淡水养殖珍珠可简称为"淡水珍珠"。

三、人工材质玉器

人工材质玉器指的是完全或部分由人工生产或制造的材料加工制作而成的玉器。主要包括下列几个亚类。

1. 合成材质玉器

合成材质玉器是由合成材质加工制作的玉器。所谓的合成玉石,是指部分或全部由人工制造的晶质和非晶质材料,这些材料的物理性质、化学成分及晶体结构和与其相对应的天然玉石基本相同,如合成翡翠、合成水晶等。

2. 人造材料玉器

人造材料玉器是由人造材料加工制作的玉器。所谓的人造材料,是指完全由人工制造的晶质和非晶质材料,这些材料没有天然对应物,如玻璃(琉璃)、塑料等。

3. 拼合材料玉器

拼合材料玉器是由拼合材料加工制作的玉器。所谓拼合材料,是指由两种或两种以上材料经人工方法拼合在一起,在外形上给人以整体印象的玉石材料。

4. 再造材料玉器

再造材料玉器是由再造玉石材料加工制作的玉器。将一些天然宝石的碎块、碎屑经人工熔结后制成的玉材称再造材料,如再造琥珀、再造绿松石等。

5. 仿制材料玉器

仿制材料玉器是由仿制玉石材料加工制作的玉器。所谓的仿制玉石,是指任何具有被仿制玉石外貌,但不具备所仿制宝石的化学成分、物理性质和晶体结构。它可以是天然材料,也可以是人工材料,如绿色石英岩仿翡翠等。

第二节 基于用途

中国玉器在漫长的历史演化中,种类日趋繁多,形成了一个特殊的庞大家族。从玉石的主要用途出发,中国玉器可分为以下几大类:天文用玉器、礼乐器、仪仗器、佩饰器、陈设器、生活用玉器、丧葬器、工具类玉器等。

一、天文用玉器

观天法地,揭示自然规律,指导农业生产是中华民族长期不懈的努力目标,天文用玉器即用于观察天象的玉器,它的作用和价值无论如何评价均不为过。《易经·系辞传》"古者包羲氏王天下也,仰则观象于天,俯则观法于地"的记载就是很好的说明,而台北故宫博物院收藏的一块良渚文化遗址出土的玉璧上刻有一个标准的古观象台,顶部清楚地刻有观象玉管,即是证明。为了观天,必须借助于工具,玉制工具成为最好的选择之一。基于前人的研究成果,目前已经确定的具有观天功能的玉器有玉管、璇玑、玉衡、多孔玉圭等。同时,这些玉器还是祭天玉器、威仪玉器和装饰玉器的源头和原型,它们均植根于观天玉器,其纹样记录了很多使用观天玉器夜观星象所获得的天文历法知识,以及植根于天文历法的宗教和神话,成为中华传统文化的重要组成部分。

1. 玉管

玉管亦作玉琯。最早见于距今8000多年的兴隆洼文化中,在良渚文化时期达到新高峰。玉管的功能应为夜观天象,《庄子·秋水》就有"用管窥天"的记载;《大戴礼记·少闲》卢辩注有"琯,所以候气"的记载。这里的"候气"是天文术语,作动词用。而气候是历法术语,作名词用。使用玉琯夜观星象"候气",方能编制符合"气候"的历法,才能指导生产与生活。

2. 璇玑、玉衡

玉璇玑——商
(北京故宫博物院藏)

由于璇玑和玉衡常组合使用,在此一并介绍。这两种天文玉器在大汶口文化、红山文化、龙山文化、石峁文化等遗址均有所发现,也属于观天用玉器。由于两者常组合使用,因而称璇玑玉衡,如《史记·五帝本纪》中就有"璇玑玉衡,浑天仪也"的记载。《周髀算经》还记载了璇玑玉衡的使用方法;《尚书·尧典》记载了璇玑玉衡的作用及政治意义,如"正月上日,受终于文祖,在璇玑玉衡,以齐七政"等。

3. 多孔玉圭

多孔玉圭多见于龙山文化及差不多同时代的其他文化中。主要用于夜观天象的星组定位,也称星组定位仪。因为是实用天文玉器,所以出土的多孔玉圭大多朴实无华,孔数、孔径、孔距、孔位几乎无定制。

除上述较为明确可考的天文用玉器外,璧、琮、玦、圭、勾云形器等在远古时代也有可能具有观天功能或象征,如圭表用于昼测日影等,但具体如何使用,象征什么,均有待进一步考证。

第四章 分类

玉兽面纹圭——龙山文化
（北京故宫博物院藏）

二、礼乐器

礼乐器早期可能为祭祀器，主要与图腾崇拜、祖先崇拜、天地崇拜、万物有灵崇拜等相关。特别是在古代国家礼乐制度建立后，相关玉器便称为礼乐器。由于中国古代国家礼乐制度是严格的，不可逾越的，因此，礼乐器的使用也是十分严格的。

1. 礼器

《周礼》曰："以玉作六器，以礼天地四方。以苍璧礼天，以黄琮礼地，以青圭礼东方，以赤璋礼南方，以白琥礼西方，以玄璜礼北方。皆有牲币，各放其器之色。"又曰："以玉作六瑞，以等邦国。王执镇圭，公执桓圭，侯执信圭，伯执躬圭，子执谷璧，男执蒲璧。"《周礼》所说的"六器"和"六瑞"都是礼器。

（1）璧。玉璧是礼器中出现时间最早、使用时期最长的一种礼器。璧呈圆形，片状，中部有孔，其中实体部分称为"肉"，孔洞部分称为"好"，两者的比例有严格的规定。如据《尔雅·释器》记载："肉倍好，谓之璧"，即是说"肉"必须是"好"的两倍才是璧。不过对这一定义还有不同的理解。璧除作为礼器外，还可作为瑞信之物，是王权的象征和等级的标志。《周礼》中"子执谷璧，男执蒲璧"就是很好的说明。此外，璧还可作为装饰的佩饰器、祀祭的器物以及陪葬器等。在古代墓葬出土的大量玉器中，有相当一部分随葬品就是玉璧。也有人认为璧和琮都与古代阴阳观念有关，是阴阳、天地、乾坤、父母、男女等抽象话语的外化形式。璧是阴、坤、母、地、女等概念的物化,是地、母、女、阴的象征(刘铮,2012)。

(2)琮。琮的中间为圆筒状,外圈为正方形或钝角四方形的柱状器物。琮的主要功能是礼地,因此《周礼·春官·大宗伯》有云:"以黄琮礼地。"除此之外,"琮"字是"玉"和"宗"的合写,象征祖宗和宗庙,比喻万物之宗聚。琮还被认为是王后和诸侯夫人的瑞玉,将五寸玉琮用丝绳穿系起来,作为权力的象征。琮的内圆即象征女性,如《周礼·冬官·考工记》云:"骆琮五寸,宗后以为权。"琮还是财富与权力的象征,或作为与原始宗教、巫术活动有关的器物。也有人认为琮在古代是阳、乾、父、天、男等概念的具象,是天神男根的象征。"以苍璧礼天,以黄琮礼地",乃出于先民交感天地、和合阴阳以祈求丰产增殖的美好愿望(刘铮,2012)。

玉大璧——齐家文化　　　　　　　玉琮——良渚文化
(甘肃陇西县博物馆馆藏)　　　　(浙江良渚博物院藏)

 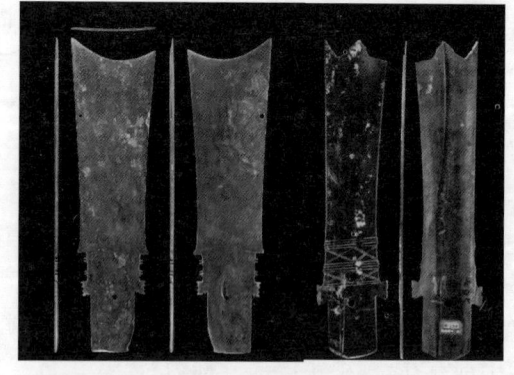

神面纹玉圭——新石器时代　　　陕西石峁遗址和河南二里头遗址玉牙璋
(北京故宫博物院藏)　　　　　　(邓聪摄)

(3)圭。圭是一种扁平长方体器物,它是六器中最为繁杂的一种重要礼器。板状器顶端平的称平首圭,顶端尖的则称尖首圭。它是祭拜东方神的俎器,同时也用于礼天地,因此,《周礼·春官·大宗伯》云:"以青圭礼东方。""以四圭有邸,旅上帝""以两圭有邸,祀地,旅回望"。此外,玉圭还用于代表地位高低、符节、行使征守恤荒、和难聘女、治德结好、易行除慝等。六瑞中,"王执镇圭,公执恒圭,侯执信圭,伯执躬圭",即用圭的不同尺寸、不同纹饰来体现等级间的差别。《周礼·考工记·玉人》中除镇圭、恒圭、信圭和躬圭外,还有大圭、祼圭、沈圭、圭璧、谷圭、圭璋、四圭有邸、两圭有邸等品种。玉圭还是古代观测时间、测量土地、称重量的工具,因此,《周礼·春官·典瑞》云:"土圭以致四时日月,封国则以土地",《孙子算经》云:"量之所起,起于粟,六粟为一圭,十圭为撮"。

(4)璋。璋是一种扁平长方形器物,形状与玉圭相似,为扁平长方形板状体,一端斜刃,另一端穿孔。《说文》云:"半圭为璋"。璋有很多种,《周礼·考工记》分为赤璋、大璋、中璋、边璋和牙璋五种。赤璋是礼南方的器物,因此,《周礼·春官·大宗伯》云:"以赤璋礼南方"。大璋、中璋和边璋是天子用来祭祀山川的器物,《周礼·春官·大宗伯》云:"璋,邸射,以祖山川,以造赠宾客。""璋,邸射,素功,以祖山川,以至稍汽。"牙璋主要用作符节,因此,《周礼·春官·典瑞》云:"牙璋,琢以为牙,牙齿兵象,故以牙璋发兵","牙璋以起军旅,以治兵守"。

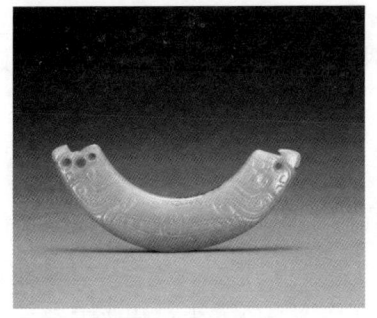

龙纹玉璜——西周
(北京故宫博物院藏)

玉琥——商
(河南安阳妇好墓出土)
(杜金鹏摄)

(5)璜。璜是一种圆心略缺的半圆形片状物,两端各有一孔,是专用于祭拜北方之神的器物。关于璜的形制大致有四种说法。其一为半璧说,如《说文》释璜:"半璧也"。其二是半宫说,认为璜的造型是从簧(积水池)的意思中引申而来,古代天子的城池都有一条护城河,河岸线的两边构成一圈璧的形状,诸侯城池的护城河则不能全部连通构成整圆,只允许以东、西两门为界,从南半部通水,这样水面形成一个半弧,称为"潢"(半宫),璜之形制就是由此演化而来。其三是彩虹说,认为璜的造型是古人模仿彩虹的形象创造出来的。其四是神龟说,认为古人仿造龟甲的侧面形象而设计制作了璜。上面的说法都有一定的道理,都说明璜是一种弧形玉器。出土文物中璜的形制多样,似乎也说明了这一点。璜是礼器中样式最繁杂、数量最多和流行时间最长的一种礼乐玉器。玉璜是礼北方的器物,因此,《周礼·春官·大宗伯》载:"以玄璜礼北方。"此外,玉璜也被广泛地用作佩饰器物。玉璜还是一种求雨的祭器,特别是那种两端有龙首的玉璜,形如彩虹,龙在古代被认为是能呼风唤雨的神灵,将它们组合在一起,用作求雨的祭器是顺理成章的。

(6)琥。琥是圆雕形片状体或饰虎纹形的虎形器。琥是祭祀西方神的器物,所以《周礼·春官·大宗伯》曰:"以白琥礼西方。"《周礼》在解释六器时曾有这样一个说法:"白琥以玉,长九寸,广五寸,刻伏虎形,高三寸。"这说明作为礼器的琥应有尺寸要求。白琥是专用性的礼神玉器,其他任何古代琥形玉器都不能替代它的功能。但玉琥也是国王和将军用以调兵的信物,即为所谓的"虎符",故《说文》曰:"琥,发兵瑞玉"。

2. 乐器

早在部落时期,中国的古人就发明了诸如骨笛等乐器,还创造了音律,为音乐的发明做出了巨大贡献。到了商代,乐作为祭祀时必不可少的一部分出现在历史的舞台上。王公贵族之间也开始盛行音乐。到了周朝时期,周公为了巩固统治,集前朝之大成,以礼巩固阶级分化,以乐调和人心,正如《乐记·乐论》曰:"乐者为同,礼者为异。同则相亲,异同相敬",礼乐制在这个时候正式定型。据考证,我国古代玉质乐器主要有吹奏乐器和打击乐器两种,吹奏乐器有玉笛、玉笙、玉箫等;打击乐器则有玉磬、玉方响等。

(1)玉笛、玉箫、玉笙。古代玉笛、玉箫、玉笙等玉质吹奏乐器与现代笛、箫、笙、管的制作和演奏方式基本相同,主要在材质上存在区别。这些乐器是宫廷朝聘、燕宴、庆典中常用的乐器。在我国古籍中,玉质吹奏乐器多有著录。据《晋书·律历志》记载:"黄帝作律,以玉为管。"据《西京杂记》载:"高祖至咸阳周行府,库有玉笛,长二尺三寸,六孔",从古籍记载看,古代玉质吹奏乐器并非罕见之物,但现代能见到的传世器物不多。

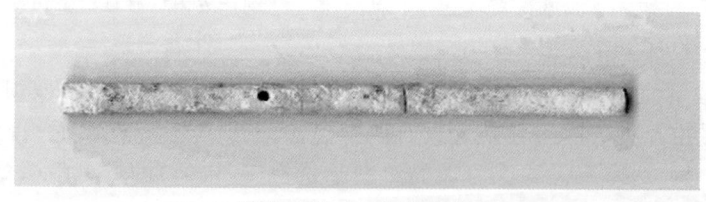

汉白玉笛——红山文化

(2)玉方响。玉方响是一种玉制击奏体鸣乐器。玉方响由玉片制成,上圆下方,悬于木架上敲击作乐,以代钟磬。一般有十六片分两排竖着悬于木架上,每排八片,每片方响的上边呈圆弧形,下边呈直线,体现了古人"天圆地方"的宇宙观。敲击用的槌子用犀牛角制成。

(3)玉磬。玉磬是一种标准形制如矩形尺状的器物。在中国古代,玉磬是宫廷举行大礼奏乐时的主要打击乐器。

(4)玉管。亦作玉琯,也是玉制的古乐器。据《礼乐器记》曰:"管,漆竹,长一尺,六孔。……古以玉作,不但竹也。"《旧唐书·音乐志三》:"律周玉琯,星迴金度。"

"虎"纹磬——商
(中国国家博物馆藏)

青玉管——春秋
(台北故宫博物院藏)

三、仪仗器

仪仗器又称为玉兵器,是一种象征性的武器。古代主要用于示权或增加威仪,维护统治者的尊严,主要包括玉斧、玉戚、玉钺、玉戈、玉刀、玉牙璋、玉铲等。这些玉器都是从日常生活中的实用器演化来的。仪仗器主要出现在新石器时代和商周时期,以商代前期最为突出。春秋战国至以后的时代,除仿古玉器中有少量的仪仗器出现外,其他均很少见到。

(1)玉戈。玉戈由援(刃)和内(柄)两部分组成,其外观如戈。

(2)玉刀。玉刀是一种略呈扁平长方形,一般有孔的器物,是由早期的石刀发展而来,形制多样,用途甚广,其形状如刀。

玉兽面纹戈——商
(北京故宫博物院藏)

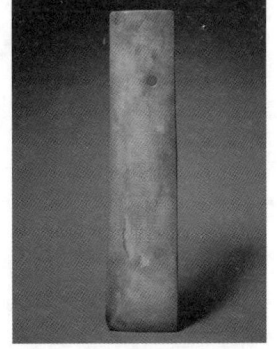

玉刀——新石器时代
(北京故宫博物院藏)

(3)玉戚。玉戚是由早期石斧演变而来的玉仪仗器。其正面呈梯形,底端钝刃、背平,有扉棱。

玉兽面纹戚——商
（北京故宫博物院藏）

(4)玉钺。玉钺是由早期石斧演变而来，钺形正面像梯形，底端两面斜刃，背部有一个或数个圆孔、背平，无扉棱。玉钺也是代表王权的瑞器。

玉钺——新时期时代
（北京故宫博物院藏）

(5)玉牙璋。玉牙璋是一种形状似玉刀的端刃器，刃缘内凹，有两个不等长的锋芒，缘端上下缘均呈略凹弧线形，内上有一小圆穿孔，饰有繁细的卤牙。《周礼》云："牙璋以起军旅，以治兵守。"有人据此认为它是用于发兵信符的玉器。

(6)玉斧。玉斧是一种扁平梯形器，上端有孔，可缚扎执，下端为刃。其两侧如出扉棱(齿牙)即戚，如刃部宽大即为钺，因其形状似戚和钺。玉斧是由石斧演变成氏族酋长或部落联盟首领执掌王权的象征物。

玉牙璋——古蜀国　　　　　　玉斧——新石器时代
（四川广汉三星堆博物馆藏）　　（北京故宫博物院藏）

（7）玉铲。玉铲形似玉斧，为方形或长方形薄片状。

束腰形双肩玉铲——新石器时代
（广西壮族自治区博物馆藏）

四、佩饰器

佩饰类玉器是玉器家族中最为庞大的一类，品种繁多，十分庞杂。有头饰、耳饰、项饰、手饰、身饰、剑饰等几个亚类。实际上，各种玉器只要形体得当，几乎都可以成为佩饰玉器。人们最初是为了审美的需要，或为了显示尊贵，或为了驱邪避恶等目的而佩饰玉器。由于较为广泛的需求，佩饰玉器在中国玉器史上占有极重要的地位。

1. 单体佩饰器

该类型佩饰的形式主要为单体。品种很多，古今常见的品种举例如下。

（1）玉瑗：圆形板状体，中间有一大孔，孔径与其边缘之比为1∶2，《尔雅》云："好倍肉，谓之瑗。"瑗主要作佩饰用，但也有其他用途。例如作请召的信物，《荀子》中："召人以瑗"，即欲请人来，叫使者持瑗而去；作引导君王上阶之器物，以免君王失坠等，据说古代君王上台阶时，手持瑗之一边，引导者持另一边。

（2）玉环：形同璧、瑗的圆形板状玉器，区别在于肉和好的比例，《尔雅》云："肉好若一谓之环。"古人佩环是为了表达始终不渝的精神。除佩饰外，环还用来传递回归、回还的信息。古人有种说法："逐臣待命于境，赐环则还，赐玦则绝。"

(3)玉玦:是一种带缺口的环形器。"玦,环之不周也。"玉玦主要用作耳饰,此外,还有符节的作用,"逐臣待命于境,赐环则还,赐玦则绝"。玦还有决断的意思,如在《鸿门宴》中:"范增数目项王,举所佩玉玦以示之者三,项王默然不应。"范增再三示玉玦所表达的意思,就是促使项羽下定决心,和刘邦断绝关系,杀刘邦以解除后患。玉玦还可能是远古氏族部落的图腾,起源于黄河河曲,是中华龙图腾的祖型之一。

  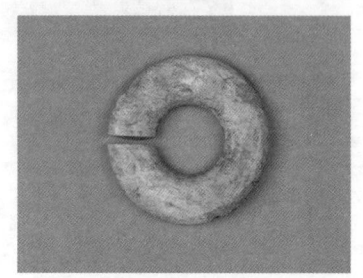

玉瑗——战国　　　　玉环——新石器时代　　　玉玦——新石器时代
（湖北省博物馆藏）　（北京故宫博物院藏）　（北京故宫博物院藏）

(4)玉笄:古人用来束发及连冠的玉饰器物。基本造型为长条形,一端尖锐,用于插入发中,另一端较粗,露于发冠之外。粗端常雕成动物、花瓣等各种形状。笄首的花纹雕刻精细,图案多样,有如意形、如意梅花形、如意鸟纹形、如意镂孔花首形、云头形、透雕龙纹形、蝙蝠和鹿首形、透雕花果形、灵芝首形等,大小各异,形态不一,琢磨光滑。

(5)刚卯:方柱形玉器,长不过寸许,中间有一通心穿孔,一般是用白玉制成。玉刚卯成双成对,四面刻有32字铭文,内容为:"正月刚卯,灵殳四方,赤青白黄,四色是当。帝令祝融,以教夔龙,庶役刚瘅,莫我敢当。"制作玉刚卯须按时辰,应严格在新年正月卯时动刀,时辰一过,即要停止,故为"正月刚卯"。"灵殳四方"讲的是该器之形。"赤青白黄,四色是当"意思是四种颜色代表四方,只要佩挂此物,就能挡住所有牛鬼蛇神的侵犯。而"帝令祝融,以教夔龙",则是说天帝已让火神警告夔龙不可作恶,违者即被烧死。"庶役刚瘅,莫我敢当",是说老百姓的疾病,因为有刚卯在身,而统统被挡住。玉刚卯的字体为古代殳书,减笔假借,非常难认,也有的刚卯是用汉隶或小篆。一般认为,凡字体清朗或明晰者,皆系后人伪刻。

(6)司南:古人认为司南佩、玉翁仲和玉刚卯是最避邪的3件宝贝,也是古代用于识别方向的一种仪器,功能类似于指南针。司南的形状是底盘为八卦图纹圆盘,盘中央放一只倒"S"形的勺形器。在转动勺形器后,当它停止时,勺形器所指的方向即为南北方向。后用玉石做成司南的形态,佩挂在身,以示避邪天地四方的妖魔鬼怪,保佑人们身体健康。

玉笄——龙山文化　　　刚卯——东汉　　　玉司南佩——汉
（山东临朐县西朱封遗址出土）　（上海博物馆藏）　（台北故宫博物院藏）

（7）玉觽：一种角形圆柱状玉饰器，形状近似冲牙。但玉觽为圆柱状，一般不成对。玉觽主要用作饰佩器，《礼记·内则》云："左佩小觽，右佩大觽。"玉觽除了用作佩饰外，还有其他实用价值，如作为解结带的工具，类似于现代的锥子。

（8）玉佩：古人系在衣带上或佩戴在胸前作为装饰的小件器物。新石器时代晚期常见的玉佩有鱼、鸟、蝉、龟等形状，造型简单，多把玉片雕成近似某种动物的形状，再用阴线刻画出轮廓。商周时期，玉佩日渐兴盛，古人开始在佩饰上雕琢简单的几何形纹饰。从战国时期至汉代，各种玉佩数量大增，除各种动物形状外，人物造型的玉佩也占一定地位。在宋代以后，玉佩极为盛行，题材有人物、动物、植物等。在明清时期，玉佩不但数量众多，质量精美，而且许多佩饰寓意深刻，极有文化内涵。

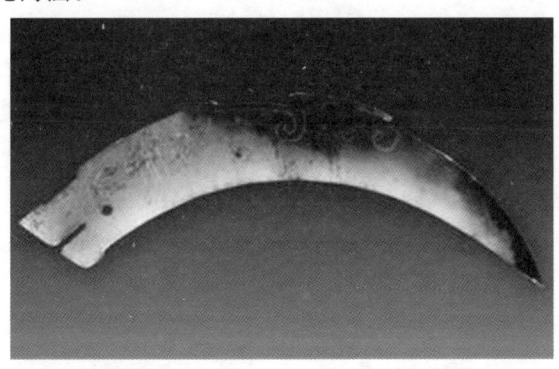 

龙纹玉觽——战国　　　白玉长宜子孙佩——清乾隆
（中国国家博物馆藏）　　（北京故宫博物院藏）

（9）玉如意：一种含有吉祥寓意的馈赠器和装饰玉器，寓意"如人心意"。玉如意的造型为细长柄，上端呈圆形或椭圆形。柄有玉制、牙制、骨制、木制等不同种类。柄细长，略有弧度，如意头向上曲起，多做成如意云头状、灵芝状。如意上常雕刻凤凰、鸳鸯、蝙蝠、大象、牡丹、月季等清代流行的吉祥纹饰，加工手法有浮雕、镂雕、镶嵌等。

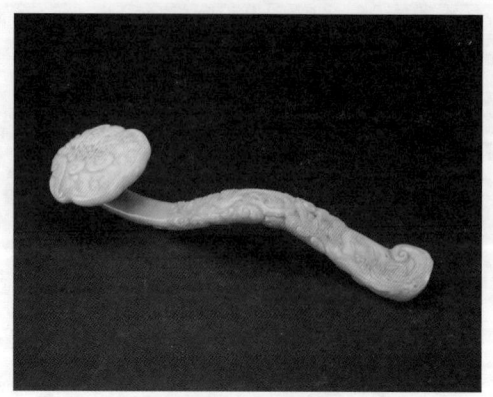

青玉凤蝠纹玉如意——清
（北京故宫博物院藏）

（10）鼻烟壶：盛放鼻烟的器物。造型多为扁圆形、长方形、长圆状小瓶，口小腹大，口部多配有半圆形壶盖，有的壶内附有细小勺用以挖出鼻烟。由于吸闻鼻烟在清朝时期的王公贵族中十分流行，鼻烟壶的制作也日益精巧，成为一种流行的工艺品。鼻烟壶用材广泛，大多是用玉（石）制成，如玛瑙、翡翠、和田玉、琥珀、水晶等。鼻烟壶上的纹饰和装饰手法多种多样。

（11）牌形器：是明清以来较流行的一种长方形玉佩饰。明代的牌形器形体较小，多用浅地隐起的技法制作，也有镂空雕的牌形器。纹饰题材有动物、人物、山水及诗文词句等。清代的牌形器形体较大，一般呈椭圆形或方形。器物表面光滑明亮，琢磨精细，造型多样。纹饰题材除继承明代的传统外，还出现了戏剧小说中的故事画面。清代晚期的牌形器多制作粗糙。

（12）扳指：呈圆筒形，是戴在拇指上的玉饰品。原为古人在拉弓扣弦时戴在手指上用以扣弦之器，后逐渐失去实用价值，成为装饰玉器，但仍基本保留了原有的造型。

碧玉结绳纹烟壶——清乾隆
（北京故宫博物院藏）

白玉扳指——清
（北京故宫博物院藏）

螭纹玉方牌——明
（上海博物馆藏）

(13)玉镯：一种佩于人手腕的佩饰器，为古今人们最早使用和最基本的装饰器件之一。

(14)玉人：一种以人物为造型的玉饰品。品种很多，有各种人像、佛像、菩萨像、神像、英雄像等。一是为了纪念，二是为了保佑平安。

(15)带钩：一种用于钩连腰带的"钩"形玉器。多呈琵琶形、长条形，由钩首、钩体和钩钮三部分组成。既可作装饰品，又是实用器。

玉镯——新石器时代　　　勾云纹玉带钩——汉　　　石家河文化玉人
（中国国家博物馆藏）　　（中国国家博物馆藏）　　（上海博物院藏）

2. 复体佩饰器

该类型佩饰器的形式主要为复体，即完整的佩饰器由两件及以上单体玉器组成。常见的种类如下。

(1)组佩玉器：成组成套的玉佩饰。一般由璜、环、珑、琥、觿、珠等组成。人们佩戴成组佩玉，不只是出于纯粹的装饰目的，主要是玉石由于具有坚硬、润泽、纯净、美观等属性，被当时士人看成是完美品德的象征。

(2)玉珠：由玉石圆珠用绳线串起来而形成的玉佩饰物。除一般的饰用价值外，玉珠在我国古代还有其他专门用途。如朝珠：它是清代君臣上朝或祭祀庆典上佩戴的饰物，由108颗玉珠子、4颗佛头珠、4串坠角、1颗佛头塔以及背云、记捻等几部分组成。在108颗珠子组成的珠串中，每27颗串入一颗有别于其他珠子的大珠，称为"佛头"或"佛头珠"。朝珠选料严格，所用玉材及穿珠用的丝线及坠角带的色彩，均有等级之分。又如佛珠：它是佛家使用的玉制器物，始于唐代，明清时期则较多见，多由黄、红线贯穿各种质地的珠子组成，每串有108颗珠子、4个佛头、1颗佛头塔以及背云、记捻、坠角等饰件，每27颗珠子间有1颗佛头，首端有佛头及佛头塔两坠，四串记捻，记捻下端饰以不同的小动物及花叶坠，显得非常别致。

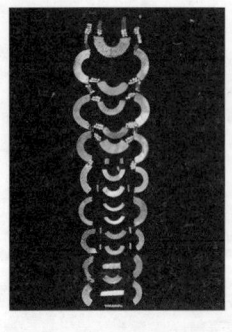 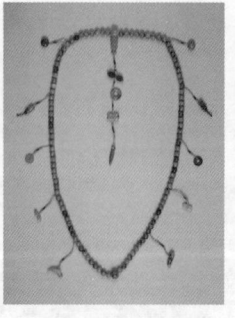 

玉组配——西周　　　　白玉珠串——汉　　　玛瑙珠、绿松石珠、玉珠、玉蚕组
（山西博物院藏）　　（北京故宫博物院藏）　合腕饰——西周（中国国家博物馆藏）

（3）玉剑饰：用于剑及鞘上的装饰玉件，流行于春秋至秦汉时期。常见的有玉剑首、玉剑格、玉剑璏、玉剑珌等。玉剑首上端略大于下端，较小的一端有穿孔，用以安插剑柄，通体饰以谷纹、云纹组成的变形兽面纹。玉剑格是金属剑柄和剑身之间的玉质装饰物。玉剑璏是剑鞘上的玉质装饰物。玉剑珌是装饰在剑鞘末端的玉制器。

玉云纹剑首——战国　　　　　　青玉兽面纹剑格——汉
（北京故宫博物院藏）　　　　　（北京故宫博物院藏）

玉镂雕虎形剑璏——战国晚期至西汉早期　　白玉兽面纹剑珌——汉
（北京故宫博物院藏）　　　　　　　　　（北京故宫博物院藏）

(4) 玉串饰：系在胸前作装饰的玉器。商代串饰多由玉石、玛瑙、水晶、蚌等材料制成的管、珠、环、玦、璜、鱼、鸟形片等组成，制作精良，造型优美。西周时的串饰多以大小不同的红玛瑙、白色料珠、绿松石等组成，形状多为圆形和小管形等。春秋战国至两汉时期，常见以玛瑙、水晶珠穿成的串饰，造型有扁圆形、鼓形等，制作精细、琢磨光滑。明清时期，手串饰已相当流行，以青金岩、蜜蜡、白玉、沉香、珊瑚、水晶等材料居多，均用18颗圆珠穿成。

(5) 玉带板（跨）：佩戴在腰部的玉器，是由许多单体造型为长方形的玉片缀附在革带上制成。玉带板不但作佩饰，而且是身份和等级高低的标志。据《新唐书·东服志》记载："三品官着金玉带，十三跨；四品八跨；五品十跨；六、七品官是银玉带，九跨。"

白玉凌霄花纹带板（一套）——明
（北京故宫博物院藏）

除上述品种外，用于佩饰和装饰的玉器还有玉鱼、玉片饰、玉坠、玉锁、玉发箍、玉簪、玉提携、玉帽花、手串、顶圈、香囊、兽形器、人首形器、飞天、方勒、生肖佩和法轮等，在此不一一列举。

五、陈设器

陈设玉器是指摆放在架子上或配上底座放在储柜或平台上供人观赏的器物。陈设类玉器始见于夏商周时期，但以明清时期最为多见。主要品种有以下几类。

（1）玉山子。玉山子是以山水人物及历史故事为题材的圆雕玉器。有名的玉山子如清代的"大禹治水""秋山行旅""南山积翠""会昌九老"等。除大型玉山子外，小型的玉山子更为常见，亦是以山水人物、亭台楼阁为题材，雕刻出一幅淡雅宁静的山水风景。

（2）玉鼎、玉炉、玉瓶、玉壶、玉盒。它们是用玉制成的鼎、炉、瓶（花瓶）、壶和盒。这类玉器一方面作陈设用，另一方面也具有实用价值，如炉用以燃香或薰香。

碧玉采玉图山子——清乾隆
（北京故宫博物院藏）

白玉炉、瓶、盒三式——清
（北京故宫博物院藏）

（3）玉屏。玉屏是用玉石加工雕琢而成的方形或圆形片状玉器。上饰各种花纹，常被插于木座或玉座上。

（4）玉辟邪。玉辟邪是古代人们幻想出来的一种神兽。其形象据说是由西方传入中国的，并在西汉时期开始流行，从此一直被中国人视为吉祥之物。

青玉梅花图屏——清
（北京故宫博物院藏）

玉辟邪——西汉
（北京故宫博物院藏）

(5)玉花插。玉花插是插花用的玉器,用途相当于现代的花瓶。常见的造型有梅花、兰花、白菜、双鱼、鸣凤在竹、鹿鹤同春、松竹梅三友等。所用玉材主要有和田玉、翡翠、玛瑙、独山玉、岫玉等。

(6)玉动物。玉动物是采用仿生法而制作成的玉制动物形玉器。最典型的如用各种玉器制成的十二生肖器。最为常见的玉动物是祥瑞类动物,如玉鹿、玉羊、玉马、玉象、玉兔、玉熊等。

碧玉灵芝花插——清
(北京故宫博物院藏)

白玉卧羊——清
(北京故宫博物院藏)

六、生活用玉器

生活用玉器主要指一些在现实生活中具有实用价值的玉石制器。古代生活用玉器常见的有玉觚、玉爵、玉角杯、玉尊、玉卣、玉斝、玉卮、玉羽觞、玉盆、玉匜、玉盘、玉洗、玉鉴、玉簋、玉杯、玉盉,还有碟、杯、瓶、文具(砚、笔、印盒、笔筒、笔架等)、酒具等。现将一些主要的生活用玉器作简要介绍。

(1)玉觚。玉觚是仿青铜觚的玉雕器物。主要用作酒器和礼器,造型为圆形细长身,喇叭形大侈口,细腰,圈足外撇。觚身下腹部常有一段凸起,近圈足处用两段扉棱作为装饰。

(2)玉爵。玉爵主要用作酒器和礼器。圆腹,也有个别方腹,一侧的口部前端有流(倒酒的流槽),后部有尖状尾,流与口之间有立柱,腹部一旁有把手,下有3个锥状长足。

(3)玉角杯。玉角杯主要用作酒器。造型与爵相似,不同之处在于口沿无柱,后变形成与爵尾相同的尖形角状,多有盖,有的盖制作成禽鸟展翅的飞翔状,非常美观。

(4)玉尊。玉尊主要用作酒器。造型多是侈口,长颈,圆腹或方腹,高圈足。玉尊流行于商周时期,春秋时期以后偶尔有所见。

碧玉兽面纹方觚——清乾隆　　　青玉夔龙纹爵——清乾隆
（北京故宫博物院藏）　　　　　（北京故宫博物院藏）

龙凤纹玉角杯——西汉早期　　　碧玉兽面纹方尊——清乾隆
（台北故宫博物院藏）　　　　　（北京故宫博物院藏）

（5）玉卣。玉卣主要用作酒器和礼器。造型多为椭圆体，颈微束，垂腹，圈足，带提梁，俗称提梁卣，也有方形和直筒形卣。

（6）玉斝。玉斝主要用作酒器和礼器。基本造型为侈口，口沿有柱，宽身，体侧有把手，下有长足。

青玉兽面纹提梁卣——清乾隆　　　青玉螭把斝——明
（北京故宫博物院藏）　　　　　（台北故宫博物院藏）

(7)玉卮。玉卮是一种玉制的酒杯。卮是古代的一种器皿,常用来盛酒或水,如《汉书·高帝纪》记载:"上奉玉卮为太上皇寿。"又如《韩非子·外储说右上》记载:"今有千金之玉卮,而无当,可以盛水乎?"卮由盖和卮体组成,卮体呈圆筒状,有3足,一圆扳手。

白玉夔凤纹卮——西汉
(北京故宫博物院藏)

(8)玉羽觞。羽觞是中国古代的一种盛酒器具。外形椭圆、浅腹、平底,两侧有半月形双耳,有时也有饼形足或高足。因其形状像爵,两侧有耳,就像鸟的双翼,故名"羽觞"。

(9)玉匜。玉匜主要用作水器。玉匜器身为椭圆形,前有注水的流,后有端持的把手,下有足。

(10)玉盆。玉盆是大型炊食器与水器。器形为圆形,折肩,深腹,平底,双环耳或兽耳,多数带盖。有的玉盆底设3足。

玉盆——清
(台北故宫博物院藏)

白玉微浸单耳荔枝匜——明
(北京故宫博物院藏)

(11) 玉盘。玉盘主要用作水器。敞口,平缘,腹较深,圈足上有十字孔或方孔。四周玉盘多为圈足,附耳。有的玉盘前有宽流,后有兽首形把手,也有的作环耳,还出现过兽蹄形三足盘。战国的玉盘式样多接近于汉代的洗耳。

(12) 玉洗。玉洗主要用作盛水器。器形为圆形口沿宽平,自中腹部折面内收,平底或圆底,两侧多有带环的兽形耳,素面或在器底中心部用双鱼纹作装饰,也有的在器底铸有吉祥语。

翠玉盘——清
（北京故宫博物院藏）

龙螭纹玉洗——汉
（北京故宫博物院藏）

(13) 玉鉴。玉鉴主要用作盛水器。鉴就是大盆,造型为圆形或方形,大腹,兽首形双耳或四耳,平底或圈足,器身装饰有春秋战国时期流行纹饰。

(14) 玉簋。玉簋是仿青铜器簋而制造出来的玉制容器。河南安阳妇好墓出土了两件玉簋,一件为碧玉簋,直口平唇,腹微鼓,短圈足,饰波形雷纹、云纹及目纹；另一件是青白玉兽面纹簋,圆形敞口,下腹部渐鼓,圈足,簋体外侧的口沿下饰有几何纹,腹上部饰由三组兽面纹,兽眼为臣字眼,大鼻,巨眉；腹下部饰由菱形和三角形组成的几何图案,圈足饰云纹和目纹,阴线雕刻,线条流畅,具有较高的艺术价值。

条纹兽耳玉簋——明
（北京故宫博物院藏）

(15)玉杯。玉杯主要用作饮酒器。如南越王赵眛墓出土有青玉角形杯,器口呈椭圆形,器壁较薄,器身腹部琢刻浮起的勾连云纹,器底是纤细婉转而巧妙自然的绳索式浮雕纹饰,缠绕于杯身下部。纹饰的制作采用浮雕、线刻相结合的琢制手法,制作精美,抛光精良,具有较高的艺术价值。

(16)玉奁。玉奁亦被称作"玉匲""玉匳",是玉制的用来盛香物或梳妆用品的器具。唐元稹在《开元观闲居酬吴士矩侍御三十韵》云:"醮起彤庭烛,香开白玉匲。"宋秦观在《海康书事》云:"上客赋骊驹,玉奁开素手。"

角形杯——西汉　　　　　青玉莲瓣式双层奁盒——清
（西汉南越王博物馆藏）　　（北京故宫博物院藏）

七、丧葬器

丧葬器开始于新石器时代,盛行于汉代。一是作为陪葬之用,即将死者生前使用的玉或专门为死者制造一些玉制品随死者葬于墓中,让死者的灵魂得到安慰;二是专门为了保存死者。古人迷信"金玉在九窍,则死者为不朽",因此,他们认为用玉制器随葬,能保护死者尸体不腐,九窍不出。

1. 专用葬器

为了随葬,专门制作。常见的专用葬器有以下几类。

(1)玉衣。玉衣是现代人的称谓。秦时称"鳞施",汉时称"玉匣"(叶寅生,1995)。《吕氏春秋·节丧》高诱注:"鳞施,施玉于死者体,如鱼鳞也。"据《西京杂记》记载:"汉帝送死皆珠襦玉匣,匣形如铠甲,连以金缕,武帝匣上皆缕为蛟龙,弯麟之象,以谓为蛟龙玉匣。"玉衣是用金线、银丝或铜丝将上千玉片串联而成,是西汉和东汉时期皇帝以及王公贵族死后专用的敛服。在汉代之前,周代出现将玉片缝缀在织物上制成的玉面罩,其后又逐渐出现玉手套、脚套等,这应为玉衣出现的先兆。

按照死者的地位和身份不同,穿缀玉衣用的金属丝分金、银、铜等,分别称为金缕、银缕和铜缕。在东汉时,玉衣的使用有明确的等级规定,皇帝用金缕玉衣;诸侯王、列侯和始封的贵人、公主、皇帝的宠妾等用银缕玉衣;大贵人、长公主等用铜缕玉衣。玉衣敛尸习俗延续到东汉末年。魏文帝时禁止使用玉衣,玉衣的陪葬制度从此消失。

(2)玉琀。玉琀是放入死者口中的玉器,造型有蝉、鱼、珠、贝等。新石器时代的玉琀基本不作修饰,器形也不固定,有圆柄形、环璧形、心形等,均用薄玉片或碎石雕琢而成。商周时期的玉琀多用玉石磨制而成,常为菱形,也有用佩饰改制而成的玉琀,其中蝉形玉琀较为典型。战国和汉代的玉蝉开始用阴线刻画出头、腹、双翅等部位。尤其是汉代的玉蝉,制作精美,呈扁平状,中心稍厚,头部双目外凸,器体用数道斜磨阴线分别刻画出头、腹、背、双翅,尾部翼端呈三角尖锋状,结构准确,形象逼真。其加工雕刻技法被后世称之为"汉八刀",具有极高的价值。

刘胜金缕玉衣——西汉
(河北博物院藏)

玉琀——汉
(北京故宫博物院藏)

(3)玉塞。玉塞是用于堵塞在死者耳、鼻、肛门的玉器。其中堵塞在鼻孔的称为玉鼻塞,造型呈锥体,细端弧圆,粗端平齐,通体磨光。堵塞在死者肛门的称为玉肛塞,造型为锥台形,通体磨光。堵塞在耳部的称玉瑱,呈八棱长条形,一端粗,一端细,通体磨光。

(4)玉覆面。玉覆面也叫"目",是按人的五官分别制作的片状玉件,分别代表人的五官而缝在布上,覆盖在死者脸上,故而得名。玉覆面在西周时期最为完整,这一时期的玉覆面不仅以覆面为主,兼具人的五官形态特点,并在覆面以外添加一些装饰性玉片饰。

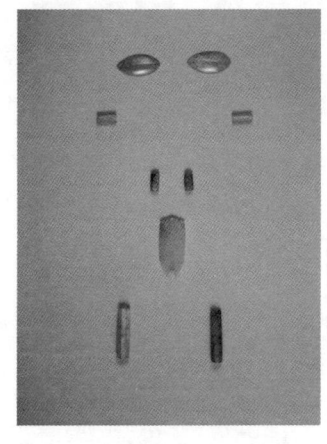 

玉九窍塞——汉　　　　　　　　玉覆面——西汉
（北京故宫博物院藏）　　　　（济南市长清区博物馆藏）

（5）生殖器罩。生殖器罩是遮盖在死者生殖器部位的玉器。男性所用为圆筒状，一端封闭，多用旧玉改制而成；女性所用为丰形玉片，但较玉圭短小。

（6）玉握。玉握是死者手中所执的玉器。早期并无一定的规定，春秋至汉代初期，玉握多是无孔的璜状玉器。但到汉代，盛行的玉握主要是玉豚，即小猪，因猪是当时社会的主要家畜，是财富的象征。

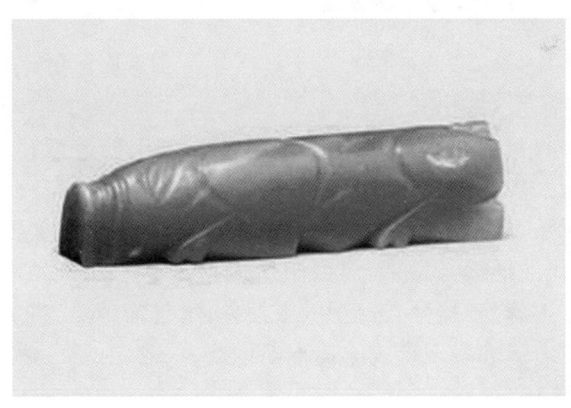

猪形玉握——汉
（甘肃省博物馆藏）

2. 陪葬玉器

即将死者生前使用的玉器随死者葬于墓中。种类繁多，只要是死者生前用过的玉器均有可能成为陪葬玉器。在新石器时代，由于统治者往往集王权与神权于一体，因而，一些重要的器物均出现在墓葬之中，如璧、琮、圭、璋等。

八、工具类玉器

工具类玉器主要作为工具使用,古今都有,种类极多,数不胜数。工具类玉器主要有斧、箭、镞、斤、凿、刀、纺轮、钺、耜、铲、锄、犁、磨盘、磨棒、杵、臼、砚、笔架、笔洗、笔筒、镇纸、章坯等。

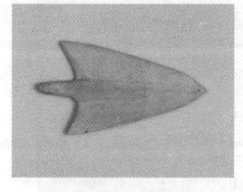
玉箭簇——商
(北京故宫博物院藏)

玉凿——新石器时代——商
(北京故宫博物院藏)

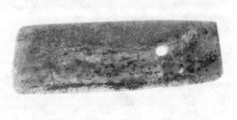
玉刀——齐家文化——夏
(甘肃临洮县博物馆藏)

青白玉三羊开泰笔架——清
(北京故宫博物院藏)

碧玉竹节式砚——清
(北京故宫博物院藏)

由于时代不同,目的和用途不同,各朝代玉石加工的造型存在重大差别。在古代,玉器主要为宗教和统治阶级服务,或为祭祀礼神,或为皇权象征,或是等级标志,或为国威所系,或代表统治理念。但在现代,玉石加工主要用于装饰,虽然是历朝历代玉文化的继续与发展,但由于用途相对单一,玉石加工造型相对较为简单,常见造型有玉牌、玉挂件、玉把件、玉摆件、玉首饰等。与古代同种产品并无本质区别,只是在内涵和表现形式方面不断创新。

第三节 基于其他

中华玉器的种类除按材料和用途划分外,还可根据工艺、造型以及时间和空间等进行划分。

一、工艺

1. 内雕玉器

内雕工艺制作的玉器称为内雕玉器。内雕是较复杂的工艺。在一块玉料上雕刻里外二层或三层景物,玉雕业称之为"绝活"。从民国时期至中华人民共和国成立初期,由于工具条件所限和玉雕工艺尚不娴熟,内雕技艺一直空白。20世纪70年代后,玉雕艺人探索内雕技艺,并取得了突破性的成果。代表作品有李洪才设计的"俏色蝠蝠篓",篓内雕有两只蝠蝠翘首外望。他的作品还有玉雕套球,内有三层或四层,层层雕景或纹饰,并可转动欣赏,堪称玉雕绝技。

内雕主要雕刻栏间里的鸟、花、草等。雕刻必须精细,每种栏间里的动物、植物都必须给人栩栩如生的感觉,如鸟类的站立必须要有倾听声音的感觉,飞翔必须要有羽毛立体的感觉等。

随着科学技术的发展,激光技术被应用到内雕玉器的制作中,使得我国内雕玉器作品更加精致细微,更具个性化,而且成本更低,效率更高,内雕玉器行业展现出更为广阔的前景。

山洞悟道——现代
(谢林玉雕)

2. 透雕玉器

透雕玉器是由透雕工艺制作而成的玉器。透雕是一种雕塑形式。在浮雕的基础上,镂空其背景部分,大体有两种。一是在浮雕的基础上,一般镂空其背景部分,有的为单面雕,有的为双面雕。一般有边框的称"镂空花板"。二是介于圆雕和浮雕之间的一种雕塑形式,也称凹雕、镂空雕,或者浮雕。

碧玉镂雕牡丹纹盒——清
(北京故宫博物院藏)

白玉镂雕龙穿牡丹纹帽顶——元
(北京故宫博物院藏)

3. 圆雕玉器

圆雕作品又称立体雕,是艺术在雕件上的整体表现,观赏者可以从不同角度看到物体的各个侧面。它要求雕刻者从前、后、左、右、上、中、下全方位进行雕刻。因为圆雕作品极富立体感,生动、逼真、传神,所以圆雕对玉材的选择要求比较严格,从长宽到厚薄都必须具备与实物相适当的比例,然后玉雕师才按比例"打坯"。圆雕一般从前方位"开雕",同时要求特别注意作品的各个角度和方位的统一、和谐与融合,只有这样,圆雕作品才经得起观赏者全方位的"透视"。

青玉童子骑象——唐
(北京故宫博物院藏)

4. 浮雕玉器

浮雕玉器是由浮雕工艺加工制作而成的玉器。浮雕是雕刻的一种,艺术家在一块平板上将他要塑造的形象雕刻出来,使它脱离原来材料的平面。浮雕玉器按雕刻的深度一般又分为浅浮雕、中浮雕和高浮雕三种。

兰亭修禊图玉插屏——清
(上海博物馆藏)

二、造型

中国玉器根据造型不同可分为三大类:几何造型、艺术造型、组合造型。

1. 几何造型

这类造型有一定的几何形状,主要用于人们的配饰物,如玉石的弧形戒面,圆珠、刻面珠串起的手链,圆形、椭圆形的手镯,指环,玉佩,扳指,镇尺等,这些玉器造型虽小,但对玉质要求很高,如有绺、裂、瑕疵存在就大幅降低了其价值。

凌家滩文化玉环——新石器时代
（北京故宫博物院藏）

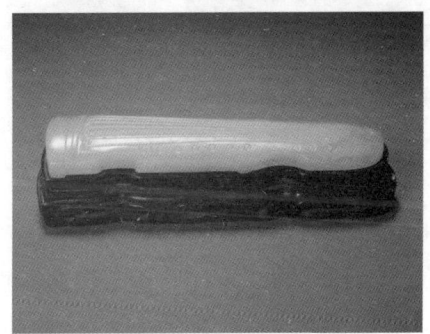
黄玉琴式镇纸——清
（北京故宫博物院藏）

2. 艺术造型

这类玉器主要用于陈设、赏玩、收藏,具体可分为玉件人物、玉件兽、玉件花鸟、玉件器具、玉山子等几类。

（1）人物类。人物类又可进一步分为佛像、仙人、神话人物、仕女、老人、小孩、历史人物、现代人物及外国人像等。

白玉芭蕉仕女——清
（北京故宫博物院藏）

青玉寿星老人——清
（北京故宫博物院藏）

(2)玉件兽:玉件兽又可分为神话兽,如龙、凤、麒麟、朱雀、辟邪等;写实兽如鸡、牛、狗、马等。其作品有单件,也有成对的,更有成套的,如子母兽、八骏马、十二生肖等。

青玉麒麟吐书——清乾隆
(北京故宫博物院藏)

青玉卧马——清乾隆
(北京故宫博物院藏)

青玉十二生肖——清
(北京故宫博物院藏)

(3)玉件花鸟:玉件花鸟又可分为玉件花卉、玉件鸟类、玉件虫鱼。玉件花卉的题材多选用牡丹、月季、山茶、牵牛花、萱草、梅、兰、竹、菊等,也常采用民间喜闻乐见的寓意吉祥如意的组合花卉植物,如四君子(梅、兰、竹、菊)、岁寒三友(松、竹、梅)、喜上梅梢(梅花、喜鹊)等。为增加作品生活情趣,花卉间常配有鸟雀虫草。玉件花鸟类以自然界各种鸟类为题材对象,用现代写实手法造型、施艺,创作的鸟形玉器自然、生动、清新,在用料上以色彩清丽的岫玉及色彩鲜艳的玛瑙居多。鸟有凤凰、仙鹤、绶带鸟、鹭鸶,还有孔雀、鹦鹉、锦鸡、山雀等,多表现仙鹤、绶带鸟、鹭鸶等鸟站立于枝头或栖居于树间的自然优美姿态,故这类作品又谓之"树本鸟"。

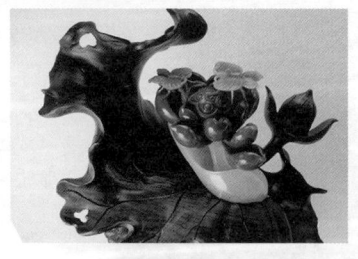
映日荷花别样红——现代
(王觉玉雕作品)

金链玉双体鸟形坠——明
(上海博物馆藏)

玉鱼莲巾环——金
(中国国家博物馆藏)

(4)玉件器具:玉件器具可进一步分为器皿,器皿是器具中最常见的品种。传统器皿有瓶、炉、薰、尊、垒、卤、觚等;实用器皿有酒具、茶具、餐具、烟具等,如杯、碗、壶、盏、盒等;兽形器皿有羊尊、鸭罐、龙觥、羊罐、鸭尊、兔尊、狮尊、牛尊、凤瓶、鸳鸯盒等;文房用具有笔架、笔洗、笔筒、镇纸、章坯等;健身娱乐用具有玉枕、玉座垫、健身球、按摩棒、玉围棋、玉象棋等;乐器有玉笛、玉箫等;兵器有玉刀、玉剑、玉戈等;车船有仿古车辆、龙舟、画舫等;建筑有亭、台、楼、榭、塔、庙、寺、城等。

碧玉塔式炉——清
（北京故宫博物院藏）

翠盖碗——清
（北京故宫博物院藏）

白玉天鸡三耳罐——唐
（北京故宫博物院藏）

玉围棋子——清
（北京故宫博物院藏）

玉渔舟——清
（台北故宫博物院藏）

(4) 山子：山子以艺术形式表现自然景物、人文景观和历史场景，取材广泛。山子因玉料体积、重量不同，作品巨微不一，大的山子可达数吨重、高1米至2米，小的只寸许大小。小型玉山子料精，以白玉为多，细腻而精巧，有沉静、典雅之书卷气，可作案头摆设。大型玉山子场面宏大，雕琢有花木、山水、云石、楼阁、人物等，气势蔚为壮观。大型玉山子是在一定历史、经济、社会发展条件下出现的，制作要花费大量人力、物力和财力。大型玉山子最能代表当时玉器的制作水平。

青玉兰亭修禊山子——清乾隆
（北京故宫博物院藏）

玉卧鹿寿星山子——明
（北京故宫博物院藏）

3. 组合造型

组合造型即玉器与其他工艺品共同组合成一件珍贵的艺术品,如各色玉石组成的盆景或屏风。屏风格架常由高档珍贵木材制成,其中镶嵌白玉雕琢的各种历史人物、花鸟树木、飞禽走兽的玉件,它们相互映衬更显高雅珍贵。

玉海棠式镀金灵芝盆景——清
(台北故宫博物院藏)

三、时间与空间

1. 时间

中国玉器在近万年的历史演变中,其发展既有鼎盛时期,也有低谷时期,经历了漫长曲折的过程,并延续到今天。不同时代的玉器在材料、玉质、加工工艺、造型、纹饰、艺术风格、用途等方面都深深地烙上了历史的痕迹,具有鲜明的时代特征,据此可以将中国玉器分成不同时代的玉器,如旧石器时代玉器、伏羲氏时代玉器、神农氏时代玉器、轩辕氏时代玉器、虞朝时代玉器、夏商周时代玉器、秦汉玉器、唐代玉器、宋代玉器、元代玉器、明代玉器、清代玉器、近现代玉器等。

2. 空间

中国地大物博,中国玉器在空间上也积累、沉淀着地方文化特征,从而形成了不同的区域的特征。例如,杨伯达(2005)认为,中国史前玉器遍布东、北、西、南各地,组成相对独立发展的群体及其玉文化区域。历经玉兵器、玉美器、玉神器以及早期"王室玉"等若干阶段的演进和积淀,为华夏文明创造奠基了第一块坚实的基石。他采纳地质学上的"板块"一词以概括说明史前玉文化的宏观性质及其微观特点,将史前玉文化板块分为东夷玉文化板块、淮夷玉文化板块、古越玉文化板块三大玉板块,以及海岱玉文化东夷亚板块、陶寺玉文化华夏亚板块、石峁玉文化鬼国亚板块、齐家玉文化氐羌亚板块和石家河玉文化荆蛮亚板块5大文化亚板块。它们按自身规律运动又互为碰撞、渗透,并存以至融合,终于走向其归宿,熔铸为统一的中华玉文化。赵芊(2011)认为,新石器时代我国辽河流域、黄河流域与长江流域3个地区的玉器,在材质、造型和纹饰方面表现出强烈的区域性特征。辽河流域的玉器多采用岫岩玉为原料,长江流域的玉器则多用和田玉制成,而黄河流域多见绿松石制成的器物;辽河流域的玉器纹饰风格简单朴实,长江流域的玉器器形和纹饰都很特别,黄河流域的玉器则多为生产工具且光素无纹。此外,玉器反映了新石器时代中晚期辽河流域内渔猎经济,以及宗教在社会中居于主导地位,长江流域中下游地区则可能进入了王权、军权和神权一体化的方国阶段,而世俗权力的独大在黄河流域普遍存在,世俗权力在这一地区的社会政治生活中占据了主导地位。

上述均反映了中国玉器的空间区域特征。不但上古时代如此,各个时代也如此。由于地域文化习俗等不同,各地形成了不同的玉器雕琢风格。我国幅员辽阔,玉雕风格也因地制宜,就中国玉器的主要风格看,我们可将常见的玉雕风格划分为京派、苏派与西番派等具明显区域特征的流派。

(1)京派玉器,为北京玉雕风格,又称北方作。北方作多为立体器具,浮雕手法运用较多。京派玉器作品种类繁多,有各式各样的造型,做工有勾花、勾撤、高浮雕、打洼等复杂的雕琢。京派的玉器整体给人大气、朴实的感觉。

国色天香——现代
(宋世义作品)

人之初——现代
(李博生作品)

(2)苏派玉器,为苏州雕刻工艺,代表着南方的雕刻工艺,又称南方作。苏作多雕小件物件,如佩饰、玉坠、玉牌等。苏作的工艺特点为造型简单、做工简洁,工艺注重神态、图样的精美。

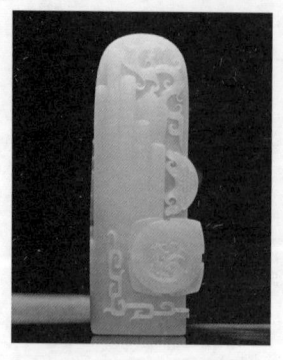 

半壁江山——现代　　　　秋藤——现代
（葛洪玉作品）　　　　（任永辉作品）

(3)西番派玉器又称西番作,为痕都斯坦玉器。西番作开始流行的时代是清代,其选料多为白玉,追求纯净之美。工艺品多为实用物,如碗、盘、壶等器具。西番作的工艺特点为薄、轻,给人以透明或半透明感,装饰图多为写实花果,纹饰以浅浮雕工艺手法雕琢。作品有的具有少数民族特色,有的带有中西结合的韵味。

痕都斯坦白玉花瓣式洗——清乾隆　　　　玉蕉叶西番花双环尊——清
（北京故宫博物院藏）　　　　（北京故宫博物院藏）

第五章 历 史

著名历史学家、中国文化学的奠基人柳诒徵在著作《中国文化史》中指出:"世恒病吾国历史为皇帝家谱。止有帝王嬗代及武人相斫之事,举凡教学、文艺、社会、风俗,以至经济、生活、物产、建筑、图画、雕刻之类,举无可稽"(柳诒徵,2013)。这段话极其精辟,反映了中国古代历史的基本状况。中国玉器史是中国历史的重要组成部分,但正统史书均难寻踪迹。探讨中国玉器史,不仅是玉器研究、真假鉴别、价值评估和购买收藏的重要前提,而且可为恢复中国历史的本来面目提供重要参考。本章按中国历史发展的4个时期进行划分,即从原始社会时期、先秦时期、帝制时期和近现代时期对中华玉器和玉文化的发展史作简要描述。

第一节 原始社会时期

原始社会时期包括了旧石器时代和新石器时代两个重要阶段,其中包含中华文明史上神话传说中的燧人氏时代、伏羲氏时代、神农氏时代、轩辕氏时代以及一直被历史家忽略的虞朝时代。以出土玉器为主的器物史考证,中华原始社会时期的那些传说和相关"圣人"并不是空穴来风,而是有十分丰富和可靠的证据,更甚者,这一时期,中华文明充满了创造力,产生无数先进的思想文化和技术奇迹,人工取火、制陶术、结绳记事及原始文字、建巢筑屋、农耕和中医药、八卦及易经、河图洛书、龙凤图腾文化和玉器时代等,每一项都具有划时代意义(廖宗廷等,2018)。

一、旧石器时代

旧石器时代是人类发展历史的早期阶段,开始于约二三百万年前,结束于距今大约1万年前(陈连开,1999;王大有,2005)。这一时代包括被中国史学家认为的以钻燧取火、结绳记事、建巢筑屋等为文明标志的燧人氏时代。在这个时代里,人类使用比较粗糙的打制石器,过着采集和渔猎的生活。我国至今已发现了众多的旧石器时代的文化遗址,重要的如蝴蝶人、东方人、西侯渡人、元谋猿人、蓝田猿人、北京猿人、马坝人、长阳人、丁村人、柳江人、桐梓人、丁村人、河套人、山顶洞人等。石器的开发和使用是旧石器时代人类生产力发展的重要特征。

按照一般人的看法,中国在旧石器时代还没有玉器,更没有玉文化。但考古发掘的事实证明,情况并非如此。据裴文中(1955)、邓聪(2002)等的研究,北京山顶洞人遗址出土的玉器装饰品就很丰富,包括钻孔石珠、钻孔坠饰等。钻孔石珠很精巧,采用了磨光和打孔工艺,而且孔边缘由于长期佩戴被磨得很光滑。钻孔坠饰为椭圆形,两面扁平,一面被人工磨光,形状较规整,中央对钻穿孔,对钻相当准确,而且孔边缘染成红色。这些钻孔物件与石珠串在一起,佩戴在古人身上,是非常动人美观的,或许放到当下也不失时尚之美。这些物件不但可作为佩饰用,而且还展示了古人很高的审美水平,将它们作为玉器应该是有道理的。

山顶洞人装饰品的出现并不是孤立的,与山顶洞人同时期的其他一些文化遗址中也发现有类似的人体装饰品。如 1963 年,在山西峙峪遗址发现一件有钻孔的饰物,根据 ^{14}C 同位素年龄测定,其年代距今 2.8 万年左右(康兴民等,2013)。在旧石器时代晚期,中国古人类普遍有了装饰自己的意识,说明原始艺术已经产生。旧石器时代从"石之美者"的隐略感觉,到佩饰器物(玉器)的正式磨制和较广泛的使用,在推进中国玉器发展征程上又迈进重大一步。另外,在这个时代,中华民族已开始发现和使用"真玉"了,距今 3 万—1.7 万年的辽宁海城小孤山文化遗址,出土了和田玉质的玉器(黄慰文,2009)。考古学家们在距今 1 万多年的磁山文化遗址中发现了一件古玉器。中国科学院的专家在对这块玉石取样研究后,确定这块古玉的制作年代为距今 10300 年(关晓萌,2009)。这块古玉为白色石英质玉,质地纯净,呈半透明状,各面经过磨制,比较规整。上述描述足以证明,无论是从加工制作的技术角度、器物的使用功能角度,还是从器物材料的研究角度,中国在旧石器时代已产生了玉器文化。

二、新石器时代

新石器时代为考古学石器时代的晚期阶段,在我国是指距今 1 万年至距今 4000 年之间。这一时代包括了中华历史上神话传说中的伏羲氏时代、神农氏时代、黄帝轩辕氏时代和中华历史上的第一朝代——虞朝。从玉文化的角度,这些神话传说时代均有较为可靠的出土玉器作为证据,因此玉器有可能成为研究中华上古文明史的关键之一。

1. 伏羲氏时代

这一时代大约距今 1 万年至距今 7000 年(王大有,2005)。在这一时代,中华民族已取得诸多划时代的文明成就,如造书契,以代结绳之政,中国文字萌芽。中华玉文化正式诞生,并得到快速发展;对偶婚制,改变原始群居状态,使氏族之间转变为对偶婚;学会烹饪肉食,发明琴瑟,人民物质和文化生活水平极大提高;发明渔猎生产工具网罟,极大地提高了劳动生产力,使人类逐步脱离了采集自然物的生活而进入了渔猎时代;画八卦和发明河图洛书,中华根文明奠基;等等。这些均为中华玉器和玉文化的加速发展创造了条件,这一时代出土玉器较典型和丰富的文化遗址有黑龙江小南山文化、河南贾湖文化、河南裴李岗文化、内蒙古兴隆洼文化、河北磁山文化等。

(1)小南山文化遗址。小南山文化遗址位于黑龙江省双鸭山市饶河县小南山。小南山文化遗址不仅发现了中国北方迄今最早的陶器,还发现了距今9000年系统用玉的最早证据。用"玉"破天惊形容小南山出土的玉器一点也不为过。小南山文化遗址发掘出土的玉器包括玉玦、玉环、玉管、玉珠、玉扁珠、玉璧饰、锛形玉坠饰和玉斧等200多件,构成了迄今所知中国最早的玉器组合面貌。这些玉器上多见砂绳切割技术留下的弯曲条形痕迹,砂绳切割技术后来成为红山、良渚等玉工的主打工艺,奠定了中华玉器文化早期蓬勃发展的技术基础。

(2)兴隆洼文化遗址。兴隆洼文化遗址位于内蒙古自治区赤峰市敖汉旗宝国吐乡兴隆洼村,并因此而得名。遗址正式发掘出土玉器达数百件之多(中国社会科学院考古研究所内蒙古工作队,1985;刘国祥,2004;张璐,2014)。根据综合研究,并结合^{14}C同位素年龄测定,兴隆洼文化遗址的年代为距今8400年至距今7000年左右(赵宾福,2006;席永杰,2011)。玉器多数是由"真玉"材料制成,开创中华上古时期使用"真玉"的先河。主要玉器品种有玉玦、匕形玉器、弯条形玉器、管形玉器、斧形玉器、锛形玉器、凿形玉器、人面形玉器、玉蝉等。

兴隆洼文化玉器玉质优良,色泽美丽。经有关专家研究确定,兴隆洼文化玉器所用玉料主要是来自辽宁岫岩县的透闪石质玉(赵朝洪等,2005),即当今所称的和田玉,因此,兴隆洼文化应该算是中国玉器文化的重要源头之一。

2. 神农氏时代

这一时代距今大约7000年至6500年(王大有,2005)。这一时期的中华文明继续向前发展,畜牧农耕、中医药、纺织制衣、集市形成、连山易、削木为弓、凿井取水、海水煮盐等成为典型的时代标志,为中国玉器和玉文化的快速发展创造了条件,以"真玉"为材料的玉器作品扩大到中华大地的东西南北,如东面的大汶口文化、马家滨文化、河姆渡文化;南面的大溪口文化、城头山文化、汤家岗文化;北面的赵家沟文化;西面的仰韶文化、大地湾文化、老官台文化等。这里以城头山文化遗址出土的玉器为例,对这一时代的中国玉器特征作简要描述。

城头山文化遗址位于湖南省澧县县城西北。该遗址为一古城,考古揭露的事实证明,在距今大约7000年至6500年,人们便开始在此掘壕沟、筑城墙、修房屋。古城修成后,人们在此居住了大约3000年,历经大溪文化、屈家岭文化、石家河文化等时期,直至石家河文化中期(距今约4000年)才被废弃。由于时间早、规模大、文化先进等原因,1996年,城头山文化遗址被中华人民共和国国务院批准为全国重点保护单位,是国际知名的"中国第一古城"(赵海燕,2012)。

城头山文化遗址出土的玉石器十分丰富,器形主要有玉璜、玉玦、玉环、玉手镯、玉坠等。如发现于古城遗址678号墓的玉玦,呈淡黄色,扁平圆环形,通体磨光,制作精良。该玉玦和兴隆洼文化遗址中出土的玉玦有较大的相似性。说明中华上古伏羲时代与炎帝神农氏时代在"玉玦龙"文化上的传承与发展。除了丰富的玉器出土外,还出土了丰富而精美的石器,主要品种有石矛、石凿、石镞、石斧、石刀、石锛、石铖等,这些石器主要作为农业生产的工具,反映了当时农业生产的发展状况。

除了上述文化遗址外,炎帝神农氏时代出土玉器的文化遗址还有老官台文化、马家浜文化、大地湾文化、河姆渡文化、赵宝沟文化、汤家岗文化等,地域分布较广,并均表现出明显的炎帝神农氏时代的农耕文化特征。

3. 黄帝轩辕氏时代

这一时代距今大约6500年至5700年(廖宗廷,2018)。中华玉文化经历了神农氏时代的发展,已经较为成熟,特别在黄帝轩辕时代后期,中华玉文化发展进入了中国特有的"玉器时代",出现了一系列以出土精美玉器为特征的文化遗址,其中最典型的玉文化遗址是红山文化,它是典型的黄帝轩辕氏文化。同时代文化还有仰韶文化、马家浜文化、崧泽文化、北阴阳营文化、大汶口文化等。这里主要以红山文化遗址出土的玉器为例,对这一时代的玉器特征作简要讨论。

红山文化因首次发现于内蒙古自治区东部的赤峰市红山而得名,有分布于内蒙古、辽宁等地的遗址几十处。红山文化玉器以龙和动物题材的器物为特征,类型主要有玉猪龙、马蹄形管状玉器、勾云形玉器、玉璧、玉镯、丫形玉器、匕形玉器、玉玦、玉臂鞲、玉枭、玉龟、玉熊、玉蝉、玉凤、玉人、玉蛇、串珠等。据统计,经过考古发掘出土、博物馆收藏、考古部门回收、个人收藏的红山文化玉器总数大约800件。

吕昕娱(2011)以考古调查或考古发掘资料为基础,将红山文化玉器分成五大类:第一类为装饰玉器,常见的有玉环、玉玦、蛇头形玉坠、玉珠、玉镯等;第二类是工具玉器,常见的有玉斧、玉铖、棒形器、钩形器等,大都无使用痕迹,只是仿工具形制加工而成;第三类是特殊玉器,常见器形有玉璧、双联璧、三联璧、箍形器、勾云形玉器等;第四类为动物形玉器,常见的器形有玉猪龙、双猪首环形器、双猪首璜、兽面形玉器、玉鸟、玉龟、玉蝉等;第五类为人物形玉器,主要器形有玉雕人像和玉人面饰。在各种类型玉器中,玉猪龙、马蹄形管状玉器、勾云形玉器、丫形玉器、蛇头形玉器等最为引人注目。它们一般出土于墓地的中心大墓中,数量也最少。而匕形玉器、玉玦、玉枭、玉龟、串珠等则见于小墓中,数量较多。从材料上看，红山文化玉器使用的材质较多的是辽宁岫岩县细玉沟产的透闪石质玉，即"真玉"或和田玉，材料质地细密，硬度较高，色泽均匀。玉的颜色有苍绿、青绿、青黄、黄色，也有玲珑剔透的碧玉和白玉。

玉猪龙。龙是中华民族自上古以来一直崇尚的神异动物。作为一种图腾，被赋予了浓厚的神秘色彩，但是它的真相，却是中国文化史上最大的谜团之一。笔者在《玉说中华上古史》中提出它是由伏羲氏时代的"玉玦龙"进化而来，是中华民族祖先对黄河母亲河的崇拜和生产力发展的综合体现。红山文化中出土的玉猪龙是在"玉玦龙"上加上猪头而成，与伏羲氏时代的龙相比，明显具有继承性。对于龙的功能，除了图腾崇拜外，它与勾云形玉器相配合，是"轩辕，黄龙体""黄帝以云纪，故为云师而云命"的标志，同时也具有明显的宗教色彩。

勾云形玉器。勾云形玉器也是红山文化的代表性玉器之一，它不是一般性的装饰品，也不是对于某种使用工具或具体动物的直接模仿，而是为适应当时的宗教典礼需要专门制作的，是"黄帝氏以云纪，故为云师而云命"的象征，因此通常出土于等级较高的中心大墓，并且多放置于墓主人的胸部等人体关键部位。由此看来，它可能是当时祭司的专用物品，是用于沟通祭司与上天或祖灵之间的媒介，具有其他器物不可替代的特殊地位和作用。

除上述玉猪龙、勾云形玉器外，跪姿炎帝神农氏玉图腾像（征服炎帝神农氏）、蛇头形玉坠（黄帝珥双蛇）、玉熊（有熊氏）、玉龟（姬氏出自天鼋）、玉鹰（人面鸟身者）等都有深刻的象征意义，是黄帝轩辕氏部落的明显指向。根据古文献记载，黄帝轩辕氏的图腾主要有五种。第一种是熊，《史记》中"黄帝为有熊"及班固编著的《白虎通义》中的"黄帝有天下，号曰有熊"。第二种是龙，《史记》中"轩辕，黄龙体"。闻一多先生认为，上古姬通女又通已，而已即是大蛇，这种大蛇又被人们称作龙，被黄帝部落奉为图腾。红山文化蛇形龙玉器，从兴隆洼文化遗址、查海遗址的玉龙，到翁牛特旗三星他拉遗址的玉龙，已经形成了一个系列。第三种是龟，《国语》说"我姬氏出自天鼋"。郭沫若先生认为黄帝的图腾为天鼋，即神龟。第四种是云，红山文化的勾云形玉器，"云"也可能是黄帝轩辕氏的图腾。第五种是鸟，《国语》记载，黄帝之子十二姓中，有"人面鸟身者"，可能以鸟为图腾。在牛河梁红山文化遗址的墓葬中，确实出土了玉鸟。

4. 虞朝

在表述朝代史时，世人一般以夏、商、周三代并称，但许多古籍却称虞、夏、商、周四代。事实上，虞朝才是中华朝代历史的开端（廖宗廷等，2018）。关于这一点，先秦的人们皆言之凿凿，后世却逐渐忘却了。《尚书》是中国最早的历史文献之一，全书分《虞书》《夏书》《商书》《周书》四部分，其中《虞书》20篇，记载的就是虞朝的事。《国语》《左传》《墨子》《慎子》《吕氏春秋》《韩非子》等都有明确记载。现代学者也越来越多开始研究并证明中华上古虞朝的存在,如张华松(2003)、王树民(2002,2005)、罗琨(2006)、孔祥龙(2013)、王灿(2013)、李文武(2014)、赵永恒(2011)等。徐鸿修(1990)根据《韩非子·显学》中的记载,推断出虞代积年在公元前3600年至公元前2100年。结合"夏商周断代工程"的研究,推断虞朝的积年距今5700年至距今4000年。对应考古发掘成果,虞朝早期可以与凌家滩文化对接,中期可以与良渚文化对接,晚期可与龙山文化和齐家文化对接,这一时代正好处于中华玉文化史的"玉器时代"(汪久文,2016)。

1)凌家滩文化

凌家滩文化地处安徽省含山县,年代根据^{14}C同位素测定为距今5700年至距今5100年(王文清,2002),这个时期出土了大量精美的玉器,仅20世纪末与21世纪初出土的玉器就多达千件以上,器形丰富,形制多样,在观念和工艺等方面均体现出明显的超前性和先进性,而且对分布稍晚于它的环太湖流域良渚文化玉器系统的形成产生直接的重要影响。凌家滩文化玉器的主要类型有玉人、玉璜、玉鹰、玉龙、玉龟、玉玦、玉璧、玉斧、玉钺、玉版、玉环、玉镯等,其中玉璜、玉璧、玉斧、玉钺等可能是中国礼仪玉器的源头;玉版、玉龟等是中国八卦文化的重要证据;玉玦则是对中华玉玦龙的直接继承与创新;玉人、玉鹰、玉龙、玉龟、玉玦等表示出红山文化的联系与交流。

2)良渚文化

良渚文化因首次发现于浙江余杭的良渚镇而得名,主要分布于环太湖流域,以浙江省、江苏省和上海市为主体。经^{14}C同位素测定为距今5300年至距今4200年(马黎,2020)。从现有资料看,良渚文化玉器被学界称作是中华上古玉器时代的顶峰,之所以能够成为顶峰,主要是因为其玉器不仅器型种类繁多,而且琢磨精美细致,装饰纹样华丽,制作工艺达到了鬼斧神工的境界,更为重要的是其具有极深厚而丰富的历史文化内涵。

第一,良渚文化玉器的器型十分丰富,目前已经定名的种类有琮、璧、钺、璜、环、瑷、块、镇、匕、镯、带钩、勺、纺轮、玉镰刀、玉耕田器、三叉形器、柱形器、锥形器、半圆形器、月牙形器、圆牌、牌饰、玉梳背、钺冠饰、钺端饰、器座、器纽、柄形器、弹形饰、条形饰、半瓣形饰、管、珠、坠、串饰、人、蛙、鸟、鱼、龟、蝉镶嵌片等40多种。代表型器型举例如下。①玉琮:是良渚文化最有代表性的玉器器型,也是最具原创性的玉器器型。其形态有矮有高,节数有少有多,横截面有方有圆,穿孔有大有小,纹饰有繁有简,个体有大有小。良渚文化的玉琮气势雄伟,讲究对称均衡,并装饰有精美神人兽面纹,给人一种庄严、肃穆和神秘的感觉。②玉璧:作为中国玉文化中重要的器型之一,有着不可忽略的研究价值。良渚文化绝大多数表面光素无纹,常留有弧形线切割痕和粗砂擦痕,玉璧常呈近圆的椭圆形,玉璧的孔由管钻双面对钻而成,孔壁留有钻痕和台阶痕。③三叉形玉器:形如"山"字,底部圆弧,上部锯切出平齐的三竖叉。器身厚重,中叉上有上下贯通的小孔,可供穿系。三叉形玉器正面雕琢兽面,眼、鼻、口均浮雕出轮廓,再以阴线刻出重圈眼、鼻孔及獠牙等细部。三叉之上各刻羽状纹,象征神冠。三叉形玉器出土时均置于死者头部,似为一种冠饰。④鸟形玉器:良渚文化鸟形玉器表现鸟展翅飞翔时的俯视形象,两翅外张,抬喙收尾,鸟眼常作浅浮雕或阴线刻画来表现细部,整体装饰良渚文化特有的"神徽"。相似造型的圆雕玉鸟在中国史前颇为多见,早可溯源至红山文化和凌家滩文化,晚可见于石家河文化,良渚文化可能只是悠久玉鸟信仰与制作传统中薪火相传中的重要一环。不过,其他史前文化圆雕玉鸟表现的大多是勾喙的鹰隼类猛禽,唯独良渚文化圆雕玉鸟喙部短而直,表现的是鹊、鸽之类性情较温和的禽鸟。⑤玉璜:呈半璧形,器形规整,磨制光滑,两端各钻一小孔,主体中部装饰"神徽"纹,其他部位光素无纹。

第二,纹饰比较发达。可以大致分为两大类:以神人兽面纹为标志的祖先崇拜性纹饰和以鸟纹为标志的自然崇拜性纹饰。这两种纹饰在内涵上表现了两种不同的主题,但有时相互结合,形成一种更高更完整形式的崇拜体系。具体可以分为五种形式:鸟纹,兽面纹,神人纹,神人兽面纹,完整的神人、兽面、鸟纹的组合纹。

第三,良渚文化玉器的制作工艺,在史前时期居于领先地位。其表现手法有圆雕、浮雕、透雕和细若发丝的繁密阴刻线等。最具代表性的是在很多器型上均有主题纹饰——神人兽面纹,即所谓的"神徽"。这类纹饰采用阴线刻加浮雕的手法,将虚实有别的神人与兽面,和谐巧妙地布于方寸之间,使人感受到神人高高在上,主宰着世间万物,而世人无不对它顶礼膜拜。

但是,包括良渚文化在内的中华上古时期,先民们在没有金属工具及生产力较为落后的情况下,是如何将硬度超过现代钢材的和田玉加工成精美玉器的?至今在学术界仍无定论。良渚玉器的表面刻满了神秘的纹饰,一些纹饰在毫米的间距上竟整齐地雕刻着4~6道平行的细阴线,即使用现代玉器工艺制作也是相当困难的。为了寻找答案,前人已经提出了一些设想,如鲨鱼牙齿说、玛瑙说、燧石说、钻石说(他山之石)、绳类混合砂粒说。古语:"他山之石,可以攻玉",常被用以叙述中国上古时期的玉器加工工艺。围绕这句话所作的各种论述已不少,可至今仍无令人信服的答案。

第四,玉料以"真玉"为主。中国科学院上海光学精密机械研究所科技考古中心对浙江余杭良渚遗址群及江苏江阴高城墩良渚文化遗址出土的176件玉器进行了检测分析,发现良渚文化玉器的玉料主要属于透闪石——阳起石系列,以此为材料的玉器占大约75%。根据矿物学研究和古文献的判断,良渚文化的玉料可能主要为就近取材。江苏溧阳小梅岭闪石玉矿石的发现,为良渚文化玉料产地提供了重要线索(钟华邦,1990)。其他材料类型主要有蛇纹石、滑石、绿松石等。

陈民镇(2009)通过文献学与考古学双重验证的"三重证据法",提出良渚文化实为虞朝的代表性文化,并指出了五条理由:第一是年代密合;第二是地望密合;第三是世系密合;第四是图腾密合;第五是礼制密合。笔者基本同意这一观点,认为良渚文化的确代表了虞朝的主体,但不是全部。代表虞朝早期文化的应该是凌家滩文化,代表虞朝晚期文化的还有龙山文化和齐家文化。即凌家滩文化、良渚文化、龙山文化和齐家文化等是虞朝时代几个相互有机衔接的重要阶段。

3)龙山文化

龙山文化首先发现于山东省济南市历城县龙山镇城子崖,并因此而得名。现在龙山文化泛指黄河中下游地区处于新石器时代晚期的一类文化,经放射性碳同位素断代并校正,年代为公元前2500年至公元前2000年。具体分布于黄河中下游的河南、山东、山西、陕西等省。龙山文化以精美的陶器(尤其是黑陶)而闻名(朱志荣,2008),但其出土玉器也极为丰富。由于其比辽河流域的兴隆洼文化、红山文化以及长江流域的凌家滩文化、河姆渡文化、良渚文化等晚,因此也被称作是迟来的辉煌。从全流域看,黄河下游山东海岱地区的龙山文化玉器历史最为源远流长。自后李文化、北辛文化、大汶口文化一直到龙山文化,玉器制作逐渐进入兴盛期,不仅受到本地区历史渊源的影响,同时也接受了来自南方良渚文化、凌家滩文化的巨大影响,也有北方兴隆洼文化、红山文化的某些痕迹,许多玉器成为后来夏、商、周同类玉器的祖型。

龙山文化出土玉器类型较为丰富,主要器型有牙璧、玉璜、玉璋、玉锛、玉铲、玉钺、玉璇玑、玉环、玉牙璋、玉刀、玉镰、玉雕人首、玉动物等。

牙璧是龙山文化的首创品种,最早的牙璧发现于山东胶县三里河,出土牙璧的墓葬均为女性,海岱地区牙璧具有完整的发展系列,型制较为成熟。基本特征是:三牙外伸,方向不同,但旋转方向一致,牙外缘凸起。夏鼐(1985)认为:"牙璧就是环璧旋转状的一种定格"。

牙璋也是龙山文化玉器中最具特色的器型之一,也是影响较为深远的器型之一,龙山文化牙璋是中华牙璋的源头。此时玉牙璋分布较分散,数量也不多,形态基本接近,玉质大都较差,说明并未形成牙璋制作高潮,但为夏朝牙璋制作高潮的出现奠定了坚实基础。

一目人面玉器也是首创品种,出现在陕西龙山文化之石峁遗址,器型以剪影手法琢出头上有椭圆形发髻的人首侧面形象,鹰钩鼻,关张口,一只夸大的以阴线刻绘的橄榄眼居器物上部中心位置,面颊上有一大圆孔,是一个奇特的、不成比例的以及不合常例的人首像。关于一目人,《山海经》之《海外北经》就有一目族的记载:"一目国在其东,一目中其面而居"。一目国为《淮南子》所记海外三十六国之一,其民曰一目民,一只眼睛长在脸面正中。《山海经》所记与一目国有关的独眼奇人还有两处:一为少昊之子,据《大荒北经》:"有人一目,当面中生。一曰少昊之子,食黍。";一为鬼国,据《海内北经》:"鬼国在贰负之尸北,为物人面一目。"一目人在西方史学之父希罗多德著作中也有记载,活动地域即在阿尔泰山一带。而《山海经》中"一目国",据考证,也在今阿尔泰山一带,可见,东西方记载的"独目人"应是一事。由此推论,一目人玉器可能代表了石峁人的祖先神。

龙山文化对应我国历史上的尧舜禹时代已是学界公认的事实(蒋南华,2002),它兴起于距今4500年左右,而且在良渚文化衰落之后,继续繁盛。龙山文化显然包括了陶唐时期、大舜时期和大禹时期。尧的代表文化可能是山西陶寺文化,舜的代表文化可能是山东的海岱文化。

4)齐家文化

因首先发现于甘肃省广河县齐家坪文化遗址而得名,主要分布于甘肃省和青海省黄河上游及其支流的洮河、大夏河、煌水等流域,涵盖陕西省西北部、内蒙古自治区西部和宁夏回族自治区部分地方。境内地势高峻,海拔多在1500~4600米之间,地处黄土高原与青藏高原的过渡地带。齐家文化的年代距今4300年至3700年,盛期在距今大约4000年前的前期,历时大约300年,这一时期正值华夏大地夏王朝出现的前夜。

齐家文化玉器数量相当庞大,类型丰富多样,主要类型有玉璧、玉琮、玉璜、玉圭、玉璋、玉璇玑、玉环、玉刀、玉钺、玉戚、玉矛、玉锛、玉凿、玉铲、玉斧、玉簇、玉臂饰、玉挂件、玉管、玉珠、玉动物等。

齐家文化玉器用材总体多样化,但主要是以透闪石质玉(真玉)为主,除此之外,还有岫玉和大理岩等玉料。关于齐家文化玉器玉料的来源,现有就地取材和从外地输入之争(谢晓燕,2011),当然我们现在还不能排除外来输入的可能性,但齐家文化透闪石质玉器(主流)的玉料特征与新疆和田玉存在明显差别,而与近年发现但历史上被开采过的马衔山玉、马鬃山玉和青海玉相似,因此,玉料来源主要以就地取材为主。

相对比于其他文化的玉器,齐家文化玉器有着自己鲜明的特点,如玉器风格绝大多数朴素、古拙、光素无纹,不追求华丽,也不追求细部的雕琢与装饰,不刻意追求制作的规范化、标准化,一切均较为随意,显示了明显的个性化特点;齐家文化玉器的加工工艺非常成熟且有其特点,切割开料多使用片切割的方式,玉器上多见片切割留下的痕迹,而不见良渚文化、红山玉器上常见的线切割痕。钻孔多采用单面钻的方式,只有在大型玉琮上,由于钻孔很深才使用两面对钻。镶嵌工艺应是齐家文化原创,多见于钺、刀之类的孔洞里镶嵌绿松石;齐家文化玉器器型趋向大型化，特别是玉璧、玉琮、玉刀等规格均很大。

但从考古发现的诸多遗存中可以明显看出，齐家文化玉器受着其他文化的深刻影响，例如良渚文化的玉琮、玉璧等均在齐家文化中占据着显著位置，只不过加工更加简略一些，规格更大一些；又如齐家文化与邻近陕西石峁文化相比，不仅所出土的玉器器型相似，而且玉质也十分类似。

第二节　先秦时期

这一时期从公元前2070年左右夏朝建立开始，到公元前221年秦始皇建立统一的国家为止，由于青铜器普遍出现，中华文明进入新的文化时期。但玉器没有因为青铜器兴起而走向衰落，而是借助于青铜器兴起，促进加工设备和技术的改善而使玉器发展更加繁荣。这一时期玉器的用材更加丰富和多样化，有和田玉、玛瑙、萤石、水晶、孔雀石、独山玉、绿松石、密玉等数十种之多，使和田玉的真玉地位得到巩固并有所提高。

一、夏朝

夏朝（公元前2070年—公元前1600年）是一个崇尚玉器和玉文化的时代。例如，在夏为统一疆土而进行的征战三苗的战争记叙中，就留下了玉崇拜的痕迹。《墨子·非攻》对这一场战争是这样描述的："昔者三苗大乱，天命殛之。曰妖宵出，雨血三朝，出于唐，大哭乎市，夏冰，地拆及泉，五谷变化，民乃大报。高阳乃命高于立官。禹亲把天之瑞令，以征有苗，雷电动震，有神人面鸟身，半圭以待，扼矢有苗之将，苗师大乱，后乃过几。禹既克有三苗，焉历为三川，别物上下，乡制四极，而民补不违，天下乃静。"在禹所发动的这场大规模的征战之中，圭代表的是天意，这和大禹"亲把天之瑞令"是一个道理。这还说明玉在当时既是号召的旗帜，又是统驭所部的法度。古代传说中关于大禹和玉的关系的记叙还有很多。如《拾遗记》曰神授禹玉简，"禹即执持此简以平定水土"，还有《左传·哀公七年》载："禹会诸侯于涂山，执玉帛者万国"，《尚书·禹贡》记载："禹锡玄圭，告厥成功"等等。总之，夏之立国和玉文化有着重要的关联。

河南偃师二里头是夏朝晚期的王都，有异常丰富的夏代文化遗存。这里有大型王室宫殿，有占地上万平方米的夯土台基，有殿堂、廊道、庭院、城门，布局严谨，规模宏大，城池宽厚，极为壮观。在宫殿四周有大量房基、窖穴、墓葬、窑址、水井、灰坑等。二里头遗迹共出土玉器1200余件（陈雪香，2003）。中国社会科学院考古研究所对二里头遗址进行了考古发掘,出土玉器主要可分为两类:第一类为礼仪仪仗器,有玉圭、玉璋、玉柄形器、玉钺、玉戚、玉戈、玉刀等;第二类为饰玉,有玉镯、玉管、玉珠串、方形玉、月牙形玉、玉尖状饰、玉铃舌、兽面嵌绿松石铜牌等。考古研究获得了大量第一手资料,揭开了夏王朝玉器文化的面纱,并能和古代文献相印证。故此,目前所知的二里头文化玉器,就是夏代玉器的代表性形态。夏代玉器的显著特征是玉圭、玉钺、玉戚、玉戈、玉刀等兵形玉器占了重要地位,给人以锋锐迅捷之感,玉器充满着征战凶杀气氛。这种现象可能是对过去五帝时期战事不断的反映。炎黄之战、黄帝蚩尤之战、共工颛顼之战等都是重大战事。战争的结果,是强大部族兼并弱小部族,社会向部族间融合统一。玉器的礼器功能更多体现的是军政生活(周宇杰,2015),兵形玉器可能在某种程度上反映了当时统治者对战争的高度重视。

夏朝时期的玉器一方面是对三皇五帝时期玉文化发展的历史总结,另一方面是玉器器形与纹饰又成为商朝和周朝两个时期玉器制作的依据,玉文化成果为商朝、周朝两朝玉文化的发展奠定了坚实基础,为学术界研究夏朝时期社会历史形态和中华民族文明史的起源提供了有力的证据,在历史交替时期起到了重要的承上启下的作用。

二、商朝

商朝时期(公元前1600年—公元前1046年)是当时世界上最大的文明古国,以铸造出大量纹饰精美、庄重典雅、气势磅礴的青铜器群而闻名于世,令后人敬仰不已。同时,玉器制作已为帝王所垄断,玉器品种繁多,除了具有宗教色彩的器物外,也有工具、生活用品、佩饰及陈设用玉器。这一时期由于玉器工具的使用,琢玉技术大大提高,带来中华玉器发展的新高峰,创造出了举世瞩目的玉器文化。根据考古发掘情况分析,商朝时期可划为早、晚两期。

1. 早期

商朝早期是指盘庚迁殷以前的时期。此时期的玉器特征以河南偃师二里头遗址和墓葬的出土物为代表,有玉圭、玉琮、玉璜、玉刀、玉戈、玉璋、玉钺、玉铲和兽面纹柄形器。其中玉圭、玉璋、玉戈等都是此时期新出现的器形,器体极薄,应是礼仪用器。琢有阴线纹饰的七孔玉刀,长65cm,宽9.6cm,厚不过0.1～0.4cm;玉璋长48.1cm,宽7.8cm(陈倩,2013)。这类大型薄片器不堪实用,当别有用途。制造这种长而薄的玉器首先要从大块原生璞玉上锯片开料,此种做工尚不见于之前的早期文化,与良渚文化玉琮之开剥成方柱形玉坯的做法也不相同,显示出商代早期玉器加工技术的进步。这时的玉器加工工艺在开料、抛光等技术上比原始社会的制玉工艺有了一定的进步,并出现了许多新的造型和新的装饰手法。

2. 晚期

商朝晚期是指盘庚迁殷以后时期。此时期的玉器特征以妇好墓玉器为代表。1976年由中国社会科学院考古研究所发掘的妇好墓,共发现玉器755件,分为礼器、仪仗、工具、生活用具、装饰品和杂器6类,是迄今商代玉器最重大的一次发现,为商代帝王玉的功能、造型、图案、玉材来源、制玉工具、工艺技巧以及玉器所涉及的商代政治、王室生活等各个侧面的科学研究提供了丰富的实物资料(杜金鹏,2018)。妇好墓虽然墓室不大,但保存完好,随葬品极为丰富,有青铜器、玉器、宝石器、象牙器等不同质地的文物。玉器的玉料,经专家鉴定认为大部分是和田玉,只有极少数器物质地近似岫玉和独山玉,说明商王室用玉以和田玉为主体。琢玉技巧有阴线、阳线、平面、凹面、立体等手法,在一件玉器上往往有多种琢法,图案的体面处理也有变化。妇好墓玉器的新器型有簋、盘、纺轮、梳、耳勺、虎、象、熊、鹿、猴、马、牛、狗、兔、羊头、鹤、鹰、鸥、鹦鹉、鸽、燕雏、鸬鹚、鹅、鸭、螳螂、龙凤双体、凤、怪鸟、怪兽以及各式人物形象等,其中有些造型尚属罕见。妇好墓玉器的艺术特点不仅继承了原始社会的艺术传统,而且依据现实生活又有所创新,如玉龙继承了红山文化的玉龙,仍属蛇身龙系统而又有变化,头更大,角、目、口、齿更突出,身施菱形鳞纹,昂首张口,身躯卷曲,似欲腾空,形体趋于完善。玉凤是新创形式,高冠勾喙,短翅长尾,飘逸洒脱,与玉龙形成对照。

据有关资料记载,商末商纣王占有大量玉器,周武王灭商时,纣王裹玉衣赴火而死。司马迁《史记·殷本纪第三》记载:"甲子日,纣兵败。纣走,入登鹿台,衣其宝玉衣,赴火而死。"据说当时焚玉多达4000件。又据《逸周书》记载:"凡武王浮商旧玉亿有百万。"这个数字可能有所夸大,经过清代王念孙考证,他在《读书杂志》中校正为"凡武王浮商旧玉14000件",说明商王朝拥有玉器量之大着实令人吃惊。加之妇好墓和田玉器的大量出土,说明玉器在商代贵族生活中占有十分重要的地位,这也是"玉不离身"的最早例证。

三、周朝

周朝有西周和东周之分。西周由周武王姬发建立,定都酆镐(宗周);东周由周平王宜臼建立,定都雒邑(成周)。其中东周又有春秋和战国两个时期之分。周朝统治者吸取了殷商灭亡的教训,重新制订了一套礼仪,这就是《周礼》。《周礼》规定了不同的玉有不同的地位和作用,使玉器成为等级的标志,赋予它强烈的政治色彩(孙庆伟,2018)。对于祭祀、礼仪用玉也作了规定(薛世平,2006;李润桃,

2008)。《周礼》中这样说:"以玉作六器,以礼天地四方。""天地"对我们的生存都非常重要,我们生存要依赖于地,地能长出粮食,粮食怎么生长?要依赖天上下雨。"四方"是指东、南、西、北四个方位。《周礼》中这样规定:"以苍璧礼天,以黄琮礼地,以青圭礼东方,以赤璋礼南方,以白琥礼西方,以玄璜礼北方。"古人的方位顺序是天、地、东、南、西、北,中国古代的文献记载方位都按这个顺序。

1. 西周

西周玉器总的来说是皇家用玉,也是玉器发展史上的一个高峰,它开拓的斜刀以及大斜刀的雕刻方法,影响了后世玉器的雕刻。最典型的玉器为玉璜,雕刻精美,是装饰玉器类的精品。最典型的纹饰鸟,写实夸张,线条有力,玉鸟挺胸,气势非凡。是研究西周社会的活化石(刘国祥,2004)。

从目前的考古发现资料看,西周玉器出土范围远远超过商代,比较集中的有陕西宝鸡强国墓地、扶风强家西周墓地、长安县沣镐遗址、北京房山琉璃河燕国墓地、河南浚县辛村卫国墓地、三门峡上村岭虢国墓地等(昭明等,1993)。其中仅在茹家庄1、2号墓就出土各类玉石器1300多件,在强家1号西周墓中也出土有550多件玉石器,数量之多实属罕见。西周玉器使用的玉材较为复杂,以和田玉为主,另有独山玉及绿松石。西周玉器大致可分为礼器、仪仗器及装饰艺术品三大类。礼器类主要有璧、琮、璜等;仪仗器类主要包括玉戈、玉戚、玉锛、玉斧等;装饰艺术品类主要有玉玦、串饰、佩饰及龙、虎、牛、鸟等动物形象玉雕等。主要特征如下。

(1)早晚两期玉器有差别:早期玉器在种类、造型、纹饰及工艺各方面,都会受到商玉的影响,表现为二者的广泛相似性,甚至有时难以区分。周灭商时,周从商得到大量的商朝玉器,同时还会掠走很多制玉工匠,为周人继续制玉。难免有较大的继承性和相似性。在周穆王之后,由于周穆王开疆辟土,远游西域,见王母,与当地族长交换礼品,除了进一步畅通玉料来源外,还为玉器创作注入了新鲜血液。这些新的文化因素与传统制玉风格的融入,必然会使西周玉器产生新的艺术风韵。创新型的玉器不断涌现,造型与纹饰丰富优美,标新立异,多彩纷呈。创新型的玉器及其纹饰主要有双龙首纹凤、双人首纹璜和珩,以及龙首纹和龙鳞纹器物等。充分代表周人在继承前世玉器事业基础上的创新意识和文化开拓精神。

(2)周定玉礼,用玉制度规范化、政治化。作为当时最高宪法的《周礼》中对其作了详细记载。从《周礼·考工记》中,我们可以了解到西周时期不仅对各级官员用玉的质地、成色、尺寸有详细规定,还对玉器制作的种类、用途、功能、形态作出详细规定。西周时期玉器的应用范围已遍及政治、军事、经济、文化和日常生活各个领域,为后期各家"玉德说"创造了条件。

2. 东周

东周时期，虽然周王室衰微，诸侯征伐不断，礼崩乐坏，但玉文化发展并未受到影响，相反铁器的推广使用，使生产力迅速提高，而且人们摆脱思想束缚，出现了我国历史上第一次思想上的大解放，为玉文化突破性发展创造了良好条件。如果说良渚文化玉器是中国古玉历史上的第一个高峰，那么，春秋战国时期的玉器，应该是实至名归的中国古玉历史上的第二个高峰。这一时期的玉器，不仅数量众多，玉质上乘，并且新创了不少优美器型，线条运用更臻娴熟，纹饰的审美含量急剧增加，刀工秀逸遒劲，风格清新潇洒。

东周短短的五百年间，给世间留下了无数玉质珍品。考古发现遍及列国各地。据昭明、利群在《中国古代玉器》一书中记载："陕西关中地区的秦国墓葬发现玉器300多件，河南淅川下寺春秋楚墓发现各类玉石器2000多件，湖南随县擂鼓墩战国早期的曾侯墓发现各种玉器300多件，安徽省寿县春秋晚期蔡侯墓中亦发现大量玉器，1986年江苏吴县春秋晚期吴国玉器窖藏出土各类玉石器400余件，湖北江陵等地楚国墓葬中也有相当数量的玉器出土"（昭明等，1993）。东周时期玉器具下列特征。

(1) 玉器用材以和田玉为主，且多为青玉和黄玉，白玉较少。玉器造型种类较复杂，主要有礼仪器、装饰器、生活用器和葬器等。基本特征是以装饰器为主，礼仪器一般，生活用器明显减少，葬器明显增多。

(2) 主流纹饰新创显著，新创"春秋龙首"纹、"春秋谷"纹、螭纹、螭虺纹等，是夏、商、西周以来纹饰创作的重大突破，直接影响了战国的玉器纹饰及造型。

(3) 主流线条出现新特点：一是阴刻线技法炉火纯青；二是双沟阴线进一步成熟；三是"宽一面坡线"出现新变化；四是新创"游丝刻"。这些在中国玉器发展史均是划时代的开拓与创新。

第三节　帝制时期

这一时期从秦始皇建立大一统的中国开始，至1840年的鸦片战争为止。皇帝为最高统治者以及朝代不断更替是这一时期的显著特征。根据社会发展状况又可进一步分为若干阶段，每一阶段的玉器发展呈现出不同的特征。

一、秦汉

公元前221年，秦始皇嬴政灭六国后统一中国，建立秦朝。秦朝统治仅15

年,至公元前206年亡,被汉朝取代。汉朝延续四百多年,至公元220年。

1. 秦朝

秦朝在中国历史上虽然只有短短的十几年,但秦始皇作为一统天下的皇帝,《拾遗记》记载:秦始皇"穷四方之珍材,搜天下之巧工"。在艺术上曾创造出辉煌的成就,最近几十年发现的被人誉为"世界第八大奇迹"的秦始皇陵兵马俑,是最能说明问题的事例。秦朝玉器也与其他艺术品一样,曾有过辉煌业绩,在史书典籍中每有所述(周南泉,2000)。晋人王子年的《拾遗记》中则记载着另外一个神奇的故事。据说秦始皇起游云台时,西域骞霄国献玉工列裔给秦始皇。列裔琢的两只白虎活灵活现,但他并不琢眼睛,说是防止老虎跑掉。秦始皇得悉后,派人在每只虎的头上用漆点了一眼,结果两只虎果然跑了。不久,就有人来报,在附近山中有两只白虎,每只虎都只有一目。秦始皇遣人验之,果为列裔所琢之虎。秦代孙寿受命于秦始皇,用蓝田苍玉制作玉玺,其八面螭钮,秦丞相篆文曰:"受命于天,其寿永昌。"据《西京杂记》记载:汉高祖刘邦"初入咸阳宫,周行库府,金玉珍宝,不可称言"。就是说刘邦拿下天下,进入了秦代宫殿库房,看到数不清的金、玉等珍宝。这就证明当时的秦代有大量的玉器。这些记载从一个侧面反映了当时玉雕业的发达和工艺的精湛。

2. 汉朝

汉朝是刘邦建立的中国第二个大一统王朝,分为西汉和东汉两个阶段。汉朝是中国古代历史上空前强大的帝国,创造了灿烂辉煌的文明,与稍晚兴起于欧洲的罗马帝国东、西遥相并立。后世多将汉朝和罗马帝国并列为当时世界上最先进、最文明的强大帝国。汉代国家统一,社会安定,经济繁荣,提倡厚葬,武帝开疆拓土,保护丝绸之路,加强了与西域的联系,使得当时西域交通畅顺,取运玉石原料方便,这些都为玉器的进一步发展创造了良好的条件。汉代玉器艺术成就达到新高峰,汉玉几乎成了中国古代玉器的代名词(陈倩,2013)。汉代玉器的典型特征如下。

(1)品种繁多。汉代的玉器种类很多,按社会功能和用途的不同,可以分为礼仪用玉、装饰用玉、日常用玉、艺术品玉、辟邪用玉和丧葬用玉等。

(2)丧葬玉器成为时代标志。汉代迷信玉石能使尸骨不朽,所以用于丧葬的玉器在汉玉中占有重要地位。葬玉主要有玉衣、玉九窍塞、玉琀和玉握。其中玉衣是汉代皇帝和高级贵族死时穿用的殓服,外观和人体形状相同,因此,玉衣制度逐渐成为国家礼制(何松,2007)。完整的玉衣由头罩、上衣、裤筒、手套和鞋五部分组成,每部分都由许多小玉片编成。根据等级的不同,用于编缀玉片的分别为金缕、银缕或铜缕,个别还有用鎏金铜缕或丝缕编连的。

(3)创新作品层出不穷。除丧葬玉器外,还有辟邪玉器翁仲、刚卯和严卯等,工艺品玉器鸡心佩、玉透雕龙凤佩、玉舞人等。

(4)和田玉玉材占主导地位,而且羊脂白玉受追捧。汉武帝时,张骞出使西域,开通了遐迩闻名的"丝绸之路",新疆和田美玉沿着"丝绸之路"源源不断进入中原,使得玉器制作业得到极大的物质保证,开创了和田玉主导后代玉器材质的历史潮流;同时,也改变了汉代以前玉器不少就地取材、使用当地质量较次玉材的境况,从而使得汉朝玉器的质量有了根本的提高。

(5)玉雕技术进一步发展。琢玉技术基本上继承了战国时代的技术,但是整体水平进一步提高(陈倩,2013)。汉以前的玉器多是扁平玉片,上加浅浮雕。汉代玉器中高浮雕和圆雕增多了。汉以前玉器纹饰的制作技术,主要为利用细砂研磨成浅浮雕的花饰。汉代由于技术的改进,镂孔花纹和表面细刻线纹增多了。浮雕和素面玉器的表面抛光技术也有所提高。器物的轮廓线和刻纹,也都显得很流利。汉朝制玉器一改纤巧繁细的作风,表现出雄浑博大,自然豪放的艺术风格。这一时期的玉器制作艺术已从商周以来图案艺术的束缚中、神秘威严的宗教氛围中解脱出来,镂空、浮雕等技法普遍应用。在写实倾向的绘画艺术的影响下,玉器制作艺术走上了崭新的发展道路。如典型的"汉八刀",是指汉代雕刻的玉蝉,其刀法矫健,粗野,锋芒有力(龙冬,2010),体现出当时精湛的雕刻技术。

(6)汉朝皇家对制玉高度重视,我国宫廷制玉业自此时兴起。所谓"东园匠十六官令丞"指的是管理皇家玉雕作坊的有十六个如县令大小的官。如据《汉书·百官公卿表上》载:"少府,秦官,掌山海池泽之税,以给共养,有六丞。属官有尚书、符节……东园匠十六官令丞。"此外,各地还设有大小不等的手工作坊。

二、魏晋南北朝

魏晋南北朝包括三国(魏、蜀汉、吴)、晋(西晋、东晋)、南朝(宋、齐、梁、陈)、北朝(北魏、东魏、北齐、西魏、北周),从公元220年至公元581年,在300多年的时间里,共有30余个王朝存在过。其间社会动荡不安,战乱纷起,政权更替频繁,更加之受道教影响而食玉之风盛行。处在这样的社会条件下,中华玉文化的发展受到了极大抑制,从汉代玉器的辉煌期进入到了玉器发展的低潮期或凋零期。从考古学上观察,这一时期的玉器出土十分少见。不用说平民百姓的墓葬,就连当时规格较高的贵族墓中,也罕见玉器的随葬。如北魏文明太皇太后冯氏的"永固陵",只发现了一些残陶俑、铁矛、铁镞、铜簪、玻璃小环等器物,没有发现玉器。魏晋时期中原地区上层统治阶级墓葬的代表司马金龙夫妇墓中,除了放置大量流行于世的彩绘陶俑、瓷器、铁器、石雕和漆木器之外,也未见玉器。东晋南迁江左的豪门士族南京象山王氏墓群属于当时规格较高的墓葬,除了大量陶俑、金银器以及铜镜、漆器、玛瑙、琥珀等饰品外,没有玉器的出土。即使个别墓葬出土玉器,如玉琀和玉握,也数量稀少、体积较小、玉质不佳,几乎没有发现大型玉礼器和成组玉佩饰。因此,就玉器考古而言,魏晋可以称得上是个凋零的时期。

造成这一时期玉器制作陷入低谷有其深层次原因,禁止厚葬是丧葬玉器减少的直接原因。这是因为儒家学说当时已不占统治地位,代之而兴的是揉和俑、道而崇尚虚无的玄学。佛教和道教在南北朝时期与儒教分庭抗礼,儒家赋予玉的那种道德内涵和礼制观念彻底瓦解,礼玉几乎绝迹,偶尔所见圭、璧等礼玉,或是前代旧玉,或是仿事,都没有创新。交通不畅,玉材来源受阻,数量不足,动摇了玉器制作的物质基础。优质的玉料无法运到内地,造成玉料紧张。所以这一时期的玉器材质除了有部分和田玉,更多是地方玉、玛瑙、琥珀、绿松石、青金石等。这一时期,政治割据,战争不断,对人力资源枯竭式的使用直接导致从事玉器手工业的人员大量减少,工艺基本上沿袭汉代的风格,但已逐渐衰竭,大多做工简略朴素,精工者极少。

但更重要的是,与当时盛行于世的道教神仙思想相结合,直接服务于服食成仙的宗教目的,兴起了"吃玉养生"的风尚。这一时期的吃玉之风空前绝后。寻觅好玉石,不是佩戴饱眼福,而是吞食饱口福;找寻玉料,不是用来雕琢以炫耀,而是粉碎以当药;搜集玉石,不是显贵以深藏,而是入胃应急去装肠。和田好玉就这样消失在愚昧者的嘴里,多少能工巧匠的娴熟手艺,被愚蠢笨拙的捣玉动作所代替,这是一个损玉毁玉的悲哀时代。这种啼笑皆非的成规模的吃玉现象,折射出玉石的作用在扩大,玉石的价值在提升,玉石不仅关系人的价值,而且直接关系人的生命。中国玉器发展史也从此告别了"王玉时代",玉器逐渐以装饰玉、实用赏玩玉为主,并走进了商品流通领域。

三、隋、唐、五代

1. 隋朝

隋文帝杨坚推翻北周称帝,建立了隋朝,结束了西晋以来国家长期分裂的局面。隋代与秦代相似,前者是经过战国分裂割据后首次统一的帝国,而后者是经魏晋南北朝大分裂和大变革后重新又统一的王朝,其历史均较短。不同的是,前者是经战国玉器大发展之后统一的,后者则是经魏晋南北朝玉器大衰落之后统一的,两者的历史也已前后相隔了近千年。为此,这两个时期的玉器既有相同处,也有不同点。相同者,在用料、制作和数量相对少方面,是基本一致的。相异者,在玉器的造型种类和风格等方面则存在诸多差别。

隋朝玉器由于传世和出土的器物少,玉器发展的情况一直鲜为人知。近几十年来,随着考古发掘的深入,隋朝玉器的发展情况渐为人们所了解。如李静训墓中就出土了数件玉器。其中最具特色的一件是"金镶口白玉盏",高4.1cm,口径5.6cm,足径2.9cm。和田白玉质,直口、深腹、圆实心足,杯口镶金口。玉盏器型工整,琢磨精细,质地温润,光泽柔和,金玉互相为衬托,具有较高的艺术价值。李静训墓中还出土玉兔佩饰和玉钗各一件,均为白玉质,玉钗为双股,剖面为圆形,下端尖细,是当时女子所用的发饰(史弘扬,2017)。

现在的研究资料表明,隋朝以前常见的玉器品种在此时绝大多数已经消失,所能见者有新出现的玉铲形佩、玉双股钗、玉嵌金口杯和玉兔等近十种。所见玉杯是迄今所见金玉混器中最早的实用器皿之一。无论是已有或新出现的玉器,其用料和局部结构形式等方面则有很大的不同。如玉兔,系和田羊脂白玉圆雕而成,通体光素无纹,两侧腰有一横穿圆孔,以供佩系用。这与其前殷商和西周时见到的玉兔有明显的差别。所见双股玉钗,一改以往以单股为钗之式,对其后唐宋的玉钗式样制作和使用具有重要影响。值得注意的是,这一时期玉器虽品种和数量不多,但均用优质和田青白玉制作,这与战国以前和魏晋南北朝玉器用料较杂、使用优质和田玉较少的情况呈鲜明对比。

2. 唐朝

唐朝从公元618年到公元907年,有着289年的历史。其间国力强盛,政治稳定,文化繁荣,开拓西域,畅通丝绸之路,和田玉料源源内输,玉器制作在秦汉的基础上得到发展,出现了新的高峰。唐代玉器也一扫魏晋南北朝玉器大衰落的阴霾,产生了脱胎换骨的变化,其浓厚的生活气息和独特的时代风格,在中国悠久的玉文化史上留下了光辉灿烂的一页。推陈出新,开创以创新写实、实用玉器为中心的新时代,在中国玉器史上起到了承上启下的历史作用,奠定了中国玉文化的开放基础,为促进中国玉器的创新与发展作出了不可磨灭的贡献(何松,2006)。

唐代玉佩饰品豪华尊贵,是等级身份的标志,如《新唐书·车服志》载:"以紫为三品之服,金玉带跨十三。"玉带跨是在鞢(皮革带)上镶嵌方形玉跨与铊尾,跨有金、银、铜、玉之别。等级不同,质地也不同,带跨上的跨数与纹饰也有差异。当时带跨制度是极严格的,以玉跨为最高贵。达官贵人身着佩玉,尊卑有序。《隋书·礼仪表七》记载:"天子白玉,太子瑜玉,王玄玉,自公以下皆苍玉等。"唐代玉佩多为光素无纹,说明在春秋战国到汉代极为盛行的佩玉,到唐代已失去它的光辉,正在走下坡路。唐代玉器上的人物、动物、花卉和春秋到秦汉时期盛行玉佩饰纹样大不相同,与宗教色彩艺术也不同。上层社会把人物、仕女、动物、花卉等当作艺术与审美对象,与当时绘画风格相似,是以现实生活为题材,并有新的发展。

佛教玉雕"玉飞天"是迄今所见最早的佛教玉雕。取椎髻、裸胸、长裙、跣足之状,与敦煌盛唐壁画上的飞天一致。它的碾工精炼,胜官玉一筹。实用玉器在唐代较为盛行,说明玉雕器的使用领域扩大,有玉雕装饰构件、医药用具、梳妆用具、生活饮食器等。玉质首饰品有钗、簪、手镯等,多为新疆和田玉,温润晶莹,精工细雕。妇女化妆盒,唐墓常有出土。饮食玉器,造型奇特,器壁薄,线条流畅,选料精美。装饰玉器有飞禽、走兽、人物等,属佩饰挂件,立体雕刻,体形较小。在雕凿中,形象不同表现手法也不同,在雕刻中抓大型,抓主要部位,对细部精雕细凿,动物与人物的刻画是在正确躯体结构比例的基础上,采用夸张手法。玉雕动物题材广泛,有羊、鹿、犬、猎、马、骆驼等,性格温驯、忠厚,吃苦耐劳,而狮子、虎、怪兽凶猛刚劲,神威有力,气势博大;花草、流云等寓意吉祥。

唐朝社会开放,长安的外国使官、学者、僧侣、商贾与工匠云集,玉雕的人物形象、题材不同于以前,同时,由宫廷延伸到社会各阶层。西安地区发现的唐代陵墓、窖藏文物与壁画多为皇室家族、重臣、战将之物。五光十色的世俗题材增加,玉雕器上的雕刻纹样也是很好的例证,如成对鸳鸯、双喜牡丹、龙凤起舞、飞天侍女、颗颗石榴、各种舞蹈奏乐等,具有浓厚的世俗人情味,是雕凿艺术与内容交织在一起的现实美。当时妇女能骑马狩猎,能着男装上街观灯,佩戴各式各样玉器。目前所见的唐代绘画与陶俑中的妇女丰硕盛装,高髻美发,轻纱薄罗,露肩裸臂,游春,出行,嬉耍,揽镜等,悠闲安然,她们头上戴的,身上佩的各种玉饰是现实生活的真实反映,是唐朝艺术的构成部分。

在雕刻技艺上,唐朝玉器制作吸收当时的雕塑与绘画手法,使用传统的铲地、镂雕与圆雕,同时大量使用阴刻细线来表现细部。唐朝玉雕刻的一个突出特点,是用繁密的细线与短阴线表现装饰衣纹、阴阳凹凸面,等等。例如白玉胡人舞蹈拷臂,首先是按照人物舞蹈形体"铲"周围的地,由外向里成斜面,具有浮雕感,突出人物,其次细部都用阴线刻画,绸带用长阴线,表示飘动的轻薄的质感,身体各部位的平行短阴线表示向背阴阳面,长袍下较长的细阴线与地圆毯上的短阴线起装饰作用,从而可以看出阴线的巧妙应用。西安市文物保护考古所藏白玉鸳鸯头花饰中的鸳鸯扇起的翅膀,用繁密的细阴线表示羽毛,花叶同样用短阴线刻画,质感较强,生动活泼。

3. 五代

五代包括后梁、后唐、后晋、后汉、后周,历时50多年。五代在中国历史上是一个时间短且处于动乱的时期,这一时期的玉器与其他动乱朝代一样,也进入一次衰败期。但局部的小王国之中仍或多或少的玉器被发现,其中重要的有南唐李升墓出土青玉哀册28片,多为长条筒形,上边刻字,每简两面横穿小孔,用银丝连贯成册；合肥市西郊南唐墓出土的金镶玉步摇、银镶玉步摇，做工皆很精细；杭州雷峰塔地宫出土的吴越国时期玉雕善财童子，用青白玉制作，透光性良好。整个器型作扁平片状透雕，祥云、身体局部为镂空透雕，正背两面阴刻细部花纹，表面抛光度极好。童子脸部开相作羽状眉、丹凤眼，眼中刻画眼珠，大鼻小嘴，环耳，身着宽衣宽袖，腕缠臂金，腰间系带，衣饰米字纹，为五代持荷童子造型的滥觞，身体左侧及脚下有如意状祥云，云头粗大上卷，云尾细而长，与头顶平齐。童子站立在飘浮的云彩之上，衣衫随风飘动，作翩然起舞状，一副怡然自得、天真自信之态，栩栩如生，形象地表现了善财童子为了求得正果而不畏苦难、跋山涉水遍访名师的不寻常经历。另外四川省成都市前蜀王王建墓出土的玉器中，有玉龙纹带一条、玉飞天纹残器、玉哀册和玉成组佩等。其中一块龙纹带板背面用阴刻铭文记述了它的制作情况，对玉器的断代、玉带发展演变史的研究有着重要的参考价值。数十件玉哀册不仅是当时重要的文字资料实物，而且阴刻铭文上有填金且数量颇多，为今天存世中最早在墓中发现的玉哀册，对当时历史和文字形体的研究尤为珍贵难得，在玉器发展史中也占有重要的地位。

四、宋、辽、金、元时期

1. 宋朝

宋太祖赵匡胤统一中国，结束了五代十国长达数十年的社会大动荡。宋代分为北宋和南宋两个时期，延续至1279年，共有319年的历史。宋代建国之初，励精图治，政治开明，军事强盛，社会稳定，国力开始恢复，经济逐渐复苏。特别是宋徽宗赵佶嗜玉成瘾，这些都直接或间接地促进了宋代玉器的空前发展。中国玉器发展至宋代又进入了一个灿烂的阶段（李春英，2014）。这一时期民间玉雕行业初具规模，玉器市场应运而生，汴梁、扬州、杭州都出现了专门经营玉器的店铺。圆雕人物、动物的特点概括性很强，刀法纯熟，造型生动，栩栩如生。制玉业随着经济的发展迅速崛起，比唐朝时期有更大的发展。

考古出土的宋朝时期玉器，在数量上和质量上都要高于唐朝。这一时期出土玉器的重要墓葬和窖藏很多，如河南巩义北宋皇陵、浙江杭州文三街宋墓、四川广汉和兴乡南宋窖藏等。除发掘出土的玉器外，北京故宫博物院以及其他单位的古玉研究人员，通过传世玉器整理和鉴别出一批宋朝玉器。整体上看，宋朝时期玉器主要为礼仪器、装饰器和生活用器三大类。礼仪玉主要有玉册、玉带和带跨，其他礼器少见。装饰玉品种繁多，细分有数百种之多，有发冠、笄、钗、镯、项饰、耳饰、组玉佩等。日用玉器有碗、杯、卣、盒、瓶、臂韝、镇纸、水盂、笔架、砚等。宋朝玉器主要特征如下。

(1)玉器走向世俗化、商品化。民间玉雕行业初具规模,玉器市场应运而生,卞梁、扬州、杭州都出现了专门经营玉器的店铺。玉器的消费对象已不完全是皇室贵族,也不完全是士大夫阶层,还有对玉器十分迷恋的普通百姓。

(2)俏色巧雕的大量运用。俏色巧雕最早出现在商代,汉代也偶尔有见,宋代则被广泛运用。

(3)仿古玉大量出现。宋代重视传统文化,加上地下出土的古物增多,兴起了一股复古思潮。仿古玉的渊源虽可追溯到商周,但严格意义上的仿古玉器从宋代开始。宋代的仿古玉器主要仿战国和西汉,也有仿商、周玉器,但在造型结构、纹饰和工艺上,并不完全照搬照抄,与原件相比,仿件造型结构往往更复杂,雕琢也更圆润、精美。

(4)玉佩玉器种极多。属璜、环、珩、冲牙体系的古代佩玉已不再流行,代之的是如动物、飞禽、花朵、鱼虫等主题,尤其是玉龙、玉童子所占比例很大;玉带饰主要有带板、带钩、束带、提携、带扣等。

(5)和田玉料的使用超过唐朝。《宋史》和《契丹国志》中都有西域于阗国向宋、辽两国进贡玉材的内容。优质的和田玉料当时通过供奉和贸易源源不断进入宋辽。

(6)产生了最早的玉器考证著作。宋代产生了中国最早的一部玉器考证著作,即北宋元祐七年吕大临的《考古图》。虽然涉及的古玉器仅14件,但这不仅是把玉器从礼学上加以系统化、理想化阐述,而且开创了对传世玉、出土玉器实物进行著录研究的新天地,意义重大。

2. 辽代

辽是雄踞我国北方具有相当文明程度的契丹族政权,在与辽的长期交往中,一方面大量吸收汉文化中先进的因素,另一方面又保存和发展了本民族的传统文化,两者互相融合,相辅相成,形成了自己特有的文化风格,是中国古代文化的重要组成部分。现在发现的辽代玉器较少,其玉器种类主要有玉飞天、玉带、玉水盂、玉盒、玉砚、动物玉器、玉佩等。其创作题材大多选自日常的事物,写实性很强,具有一定的美术鉴赏价值。主要特征如下。

(1)玉器大多采用和田白玉制作,有的微有杂斑,青玉亦有少量使用。辽代中期以后,玛瑙、水晶的使用逐渐增加。

(2)玉器均打磨抛光,唯光洁程度视不同之器物而有所差别。

(3)玉器按其所反映的文化特征而言,可分为四类:一是具有契丹民族特色的玉器,如首次被用作玉器题材的蝎子、蛇、蟾蜍、猴子、蜥蜴等;二是来自中原的造型,如玉带、圈足碗、圈足杯等;三是具有西方文化特征的玉器,如四曲海棠花式杯等；四是源于佛教的造型，如飞天、金刚杵、法轮等。也就是说，辽代玉器包含了契丹文化、中原文化、佛教文化、西方文化的诸多因素。

3. 金代

金代的建立，加速了北方各民族封建化的进程，促进了北方各族人民的大融合，对中国历史的发展做出了重大贡献。随着考古工作和文物研究的进展，大量的金代遗迹、遗物被发现和确认，先后在黑龙江、北京等地发现了一批金代玉器，为玉器的研究提供了重要的实物资料。

金人善于学习吸收汉族传统玉文化，又能与本民族文化相融合，并突出本土文化特色，这在玉器上有鲜明的表现。金代玉器装饰品有灵龟伏莲佩、花朵形佩、花鸟形佩、荷鱼形佩、双鹿形佩、双鹿纹带扣、花朵形环、鹘啄天鹅纹佩（春水玉）、山林兽纹佩（秋山玉）、飞天等；礼仪器有金扣玉带；观赏陈设器有玉童、山间老人形器柄（炉顶）、玉马等。玉器的器物造型多以自然界动植物为题材。

金代朝廷用玉不减辽、宋。从《金史》看，金人除了保全本民族的信仰、祭祀文化传统之外，还吸收辽、宋的典章制度，其宝用辽、乐用宋。在祭祀、宝册、车骑及服饰等制度方面广泛地使用玉器，其盛况不逊辽、宋二朝。如郊祀设礼神玉，皇帝亲祭时要"缙大圭、执镇圭"；礼神不仅要螭玉，还要燔瘗玉器。这充分说明金人高度重视对汉族玉文化的吸收与消化。

金代玉器材质以和田青玉、白玉为主，朝廷所用玉材一是取自西域，二是从入侵地的和田玉拥有者那里掠夺而来，努力保障宫廷用玉，同时朝廷还设"制造册定所"专制玉宝、玉册。这些都说明统治者对和田玉的高度重视。

4. 元代

元代国力强盛，经济发达，为玉器制作创造了条件。元世祖忽必烈在杭州设金玉总管府（官办），管辖南方玉雕能工巧匠数千人，使北方的大都（今北京）与南方的杭州成为南北玉器生产制作中心。官办玉器生产中心管理严格，专门向皇室提供宫廷用玉，主要制作能体现元朝玉雕成就的大型精品玉器、珍品玉器和大型玉山子。其装饰图案、雕琢方式、制作工艺相当精湛，具元代玉器的特色与风格，所雕琢的玉器数量可观，应用广泛。至于民间玉雕、琢玉小作坊，规定只准制作装饰玉器及小件玉器。

元代玉器工艺雕琢方法有镂雕、圆雕、透雕、浅浮雕，均与阴线刻相结合。雕刻技法中有粗又有细，粗的雕琢刀法浑厚，具上古风味，细的器物又确实细得出奇。在玉带钩、玉带扣上加镂雕纹饰，是元代玉匠创新的造型与工艺方法。在玉带板上作双层镂雕工艺，即"花下压花"工艺，是元代的镂雕技法，除了在平面上雕出双层图案外，还能在玉料上多层雕琢，起花多达五六层，里外兼顾，错落有致。

这一时期还出现了多层复杂透雕链环器皿这一创新玉器,利用俏色技巧的"俏色玉器",工艺精湛的大型圆雕玉器,构图密实、紧凑的炉顶,帽顶立体玉器。其玉器总体上是对唐宋玉雕的继承和发展,并在民族风格、时代风貌方面取得了前所未有的新成就。元代玉器具有以装饰器为主,以观赏陈设器、礼仪器、动物器、文房器、实用器为辅的特点,重视装饰玉器的造型、纹饰、内容与形式的变化。传统的几何形玉玦、玉环、玉璜已基本消失,取而代之的是以花朵形、花鸟形、鱼虫形、植物形为主的造型,形象概括。表现出封建社会中后期北方民族对中华玉文化的创新精神,为其后明清两朝装饰玉器的发展作了准备,奠定了基础。

元代玉器在宋辽金三朝琢玉工艺基础上得到了发展。不论是宫廷还是民间,都以"碾玉行"为手工业的重要部门,反映了蒙古族统治集团秉承汉族文化传统,崇玉观念及用玉制度依旧的特点。元代玉文化的总体特征是,传统胜于创新,继承胜于发展,多元文化融合(刘晓冉,2018)。渎山大玉梅的独特创意及成就代表当时琢玉的最高水平,玉器造型简概朴略,刀法粗犷劲逸。这些特点,为明代玉器中的粗犷放达型艺术格调作了准备。

五、明清

明清时期是中国玉文化发展的又一个鼎盛时期。当时的政治、经济和文化背景为玉器发展提供了很大空间,玉器受到社会各个阶层的青睐,贵族与平民,文人与商人,都把他们的审美意识和文化情趣融入到玉器之中(周颖,2006)。玉器发展虽然总体沿着宋元玉器文化方向继续前进,但其绘画趣味大为减少,装饰功能显著增强,在商品化、古玩化上尤为突出。同时,在清朝时期中国人首先使用了翡翠,为玉文化发展提供了新的推动力。

1. 明朝

明朝是中国历史上最后一个由汉族建立的大一统封建王朝。明朝的商业非常发达,民间也因此变得富裕。明朝玉器的发展变化也是与社会的变化相关联的,从总体上看,明朝玉器渐趋脱离了五代宋朝时期玉器形神兼备的艺术传统,形成了追求精雕细琢装饰美的艺术风格。明朝的皇家用玉都由御用监监制,而民间观玉、赏玉之风盛行,在经济、文化发达的大城市中都开有玉肆,最著名的碾玉中心是苏州。同时,古玩商界为适应收藏、玩赏古玉器的社会风气,还大量制造了古色古香的伪赝古玉器。我们现今还能见到大量这一时期仿制的"古玉"。其水平之高令人瞠目,有时甚至连清朝乾隆皇帝也被明朝仿古玉器欺骗。总体上看,明朝玉器的用料主要是新疆用和田玉,而且用料精良,整个玉器发展经历了早中晚三个时期。

(1)明朝早期:出土和传世的均有佳作,风格继承元代,做工严谨而精美。如1970年南京市明汪兴祖墓(公元1371年)出土了玉带饰14块,碾琢隐起行龙,出没于祥云之中,碾工玲珑剔透,有鬼斧神工之妙。

(2)明朝中期:明朝中期的玉器趋向简略,承袭元末明初文人文化的兴盛,出现了具有文人色彩的玉器,如青玉松荫策杖斗杯等。明朝中期玉器的加工与集散多集中于中国东南地域,如南京、上海、杭州等地。如上海陆深墓出土白玉铁拐李、白玉蝶、玉鸡心佩、白玉带钩、镂空寿字玉、玉戒指、玉道冠、玉簪等,玉件小巧玲珑,代表了地主、富商等人用玉的品种和做工。这一时期的玉器开始显现出明朝社会的特点,玉器的制作加工也可真正代表明朝社会的特征。

(3)明朝晚期:东南一带社会稳定,城市经济繁荣,民间富裕,因此玉器产量有所增加。当时苏州制玉业代表着全国玉器工艺的发展趋势,著名玉匠陆子刚就来自苏州专诸巷。这一时期代表性的玉器有明十三陵定陵出土的玉带钩、玉碗、玉盂、玉壶、玉爵、玉圭、玉佩、玉带等。由于城市经济繁荣,手工业发达,海外贸易频繁,整个工艺美术为商品生产和外销所支配,于是出现了追求数量,忽视艺术的不良倾向。玉器工艺随之也出现了商品化的趋势,玉器胎厚重、造型呆板、作工草率、装饰繁琐,流传至今的有大量的玉壶、玉杯。在图案方面,与社会风气相符,符瑞吉祥的谐音题材甚为风行,这种"图必有意,意必吉祥"的图案,首先是为了祈福,其次才顾及美。琢玉大师陆子刚所琢玉器反映了此时期作玉、仿古玉及文人用玉的交错发展的形势,这是城市商品经济繁荣、玉器生产商品化的结果,也是我国玉器发展的新变化。

2. 清朝玉器

清朝是中国历史上第二个由少数民族建立的统一政权。清入关以后,顺治帝和康熙帝励精图治,扫清叛乱,发展生产;雍正帝肃整吏治,繁荣经济,出现了"康乾盛世"。康熙时期吴三桂追击南明永历帝入交趾,开通了缅甸翡翠进入中原的路线。乾隆时期在西域用兵,又打通了和田玉内运的通路,使和田玉大量运进内地,促进了玉器工艺迅速发展,出现了我国古代玉器史上繁荣昌盛的时代,也是我国玉文化的又一个高峰。

清朝宫廷用玉直接受内廷院画艺术的支配和影响,其做工严谨,一丝不苟。有的碾琢细致,如雕似画,有的在抛光上不惜工本以显示其温润晶莹之玉质美。清代重白玉,尤尚羊脂白玉,黄玉极少。民间用玉以江浙产量最多,也最精。清朝最负盛名的碾玉中心是苏州专诸巷。苏州玉器精致秀美,内廷玉匠也多来自该地。扬州玉器制作发展很快,大有后来居上之势,其制作的玉器豪放劲健,特别善于碾琢几千斤甚至上万斤重的特大件玉器,"大禹治水图玉山子"即其代表作。清朝玉工善于借鉴绘画、雕刻、工艺美术的成就,集阴线、阳线、平凸、隐起、镂空、俏色等多种传统做工及历代的艺术风格之大成,又吸收了外来艺术影响并加以糅合变通。

此外,清朝各个时期玉作亦有所不同。顺治至康熙年间,由于战乱频频,民不聊生,玉器行业也处于萧条状态,产量很少,但宫廷用玉器仍不乏精品。雍正时期经济复苏,手工业大为发展,玉器制作也重新崛起。乾隆至嘉庆年间,为清朝制作玉器的昌盛期。这时宫廷玉器充斥各个殿堂,各主要大城市玉肆十分兴旺。民间观玉赏玉之风兴盛,玉器的用途更加广泛,陈设、器皿、佩饰、祭器、文玩、用具、镶嵌等,品种类型齐全。乾隆时期所称的痕都斯坦玉器是具有阿拉伯风格的莫卧儿王朝玉器,在乾隆中晚期时已大量进入内廷,得到乾隆的喜爱,其风格波及北京、苏州、扬州等玉肆。新疆维吾尔族玉器有着鲜明的地方特色,与宫廷玉器和痕都斯坦玉器有所不同,虽属阿拉伯风格,但器形、纹饰均较单纯,光素器较多,不重磨工,稍显粗糙。道光至咸丰年间,国家战端又起,内忧外患,国民经济严重受挫,新疆和田玉贡完全停止,宫廷玉器日渐衰落,有时甚至停止碾制。地方大城市的玉肆,也因原料不足及经济衰退而逐渐衰落。特别是太平天国起义以及前后两次鸦片战争,战火遍布两江,玉器制作中心苏州和扬州两地正好处在战争中心地带,所受祸害可想而知。从此,清朝玉器制作就再也没有振作起来了。

第四节　近现代时期

我国近现代玉器发展虽然崎岖坎坷,但玉器种类繁多,新品种层出不穷,在继承各朝各代玉文化传统的基础上创新发展,在设计和制作理念上不断推陈出新,使玉器作品具有鲜明的时代特征。

一、民国

民国玉器式微,但不等于一无所有,清代留下来的大量工匠还在,他们要开工吃饭。民国虽乱虽穷,但贫富悬殊,玉器仍有市场。更为重要的是:玉文化植根在中华民族基因深处,中国人对玉的痴迷并没有因为战乱和饥饿而被泯灭,残存的星星之火成为当代中国玉石雕刻艺术爆发的火种(丘志力,2013),玉器艺术在中国以一种新的形式悄悄地活跃起来,从宫廷走向了民间。部分玉师、玉匠在玉器由宫廷艺术转向世俗商品的变革中纷纷开设作坊、商号。当时在北京前门外廊房头条一带出现了许多大小不等的玉器作坊,如文珍斋、宝珍斋、魁盛斋、济兴成、华珍号、天和斋等。19世纪20年代,在崇文门外建有专营玉器的青山居货场,在繁华的王府井、西单、东四、琉璃厂也开设了买卖玉器的店铺。玉器作坊之间业务有所分工,前门的作坊多做精品件活,崇文门的作坊以制作粗品和小件为主。北京、上海等地均创办了玉器行会及会馆,从业人员近万人。

与此同时,外国人由于嗜古好奇者众多,他们相继来华访购,玉器随而流传至海外。有些国家为更多地收购和田玉器先后在北京开设洋行,如日本的山中洋行、德国的普林洋行、美国的隆聚洋行、意大利的公私洋行以及犹太人的先宇洋行。此时,日本、英国、美国的学者也纷纷对中国和田玉器展开研究。和田玉器的学术研究和大量的外销促进了产业的发展,也促成了一些艺人在技艺上的成熟。作坊、商号由于均属私人开设,大都财力不足,制品一般以小件为主。外国洋行及商人来料也少有可制中件以上的材料,工艺虽还算精致,但大都以仿古、修改旧活为主。玉器形制、纹样基本上沿用明清风格。由于追求商业利润,审美逐渐迎合社会习俗,作品趋于平庸。个别人甚至刻意制假、作伪,令古人蒙羞。这一时期的玉器制作设计简单,工艺粗疏,没有创新。抗日战争更是使刚刚复苏的玉器产业遂跌到了底。

二、中华人民共和国成立至现在

1949年中华人民共和国成立,解放前奄奄一息的玉器业在中国共产党和政府的关心下,迅速地得到了恢复。20世纪50年代初期政府召回或组织的玉器加工队伍大约5000人,各地玉雕厂的技术和产品发展很快,并在技艺特点方面逐步形成了地方风格,制作了很多好作品。1950年后,政府还成立了外贸公司,通过加工订货收购和外销等方式对玉器行业进行扶持,玉器从生产到销售活跃起来,仅北京从中华人民共和国成立初期到1958年年产值增加约70倍,从广州第一届交易会开始,玉器就成为工艺美术品的重要出口品种,受到客商的好评,以后历届交易会玉器销路一直保持兴旺的上升趋势。

由于"文化大革命",新中国玉器产业受到了较大的冲击,生产能力急剧下降,传统品种几乎断绝,产值大幅度下落。为了改变这种状况,周恩来总理作出了极大努力。遵照周恩来的指示,1973年国务院批转了外贸部、轻工业部《关于发展工艺美术生产问题的报告》(国发〔1973〕46号)。报告的第一条明确指出:"必须继续贯彻执行毛主席'百花齐放,推陈出新','古为今用,洋为中用'的方针。正确处理继承和创新的关系,努力提高艺术水平和生产水平,不断增加产量,提高质量。"在周总理的关心和支持下,停滞的玉器生产创作很快又恢复起来。1972年还在北京举办全国第一届工艺美术品展览会,出现了玉器生产的新高潮。"文化大革命"后的青年一代迅速成长,逐渐成为我国玉器设计生产的中坚力量,在20世纪70年代至90年代近20年期间,他们创作生产了不少优秀作品,成为又一代的琢玉名家。

20世纪90年代以后,市场经济取代了计划经济,玉器生产也从国有为主,发展为个体经济占主流,大小作坊和工厂代替了国营厂。为适应市场变化,新兴的玉器市场和特色产业基地逐步形成,构成玉器生产交易新集散地,比较著名的如：苏州、扬州、东海、和田、喀什、乌鲁木齐、南阳、镇平、深圳、平州、广州、昆明、腾冲、瑞丽、岫岩、北京、上海、格尔木、诸暨、福州、梧州等。中国现已经成为世界上最大的玉器生产、加工和消费国,珍珠年产量占世界的90%以上,黄金和铂金消费已跃居世界第一,人工宝石的产量和消费量居世界第一,钻石消费量居世界第二。中国已经成为对世界珠宝玉石产业有重要影响力的市场。随着我国经济的持续稳步发展,居民生活水平的稳步提高,中国玉器行业也将得以快速发展。与此同时,中国玉器和玉文化品牌的资产规模和资本规模也都以较快的速度扩张,为中国玉器和玉文化产业的未来发展奠定了坚实的基础。整体来看,在当前中国特色社会主义现代化建设持续深入,中华5000多年传统文明和传统文化不断深入人心的大好形势下,中国玉器和玉文化产业表现出明显的朝阳产业特色,未来将具有巨大的发展潜力和上升空间。

峙峪文化玉质石器
（原平市峙峪遗址出土）

凌家滩文化玉器
（安徽省博物馆藏）

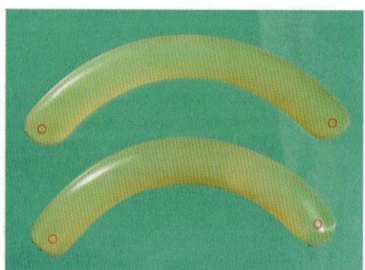
城头山文化玉器
（澧县城头山古文化遗址博物馆藏）

清代翡翠玉白菜
（台北故宫博物院藏）

小南山文化玉器
（黑龙江省博物馆藏）

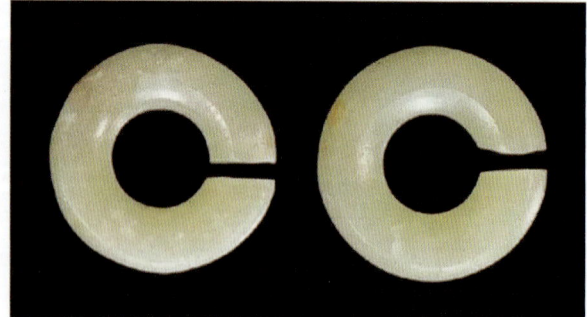
兴隆洼文化玉器
（辽宁省文物考古研究所藏）

红山文化玉猪龙
（辽宁省文物考古研究所藏）

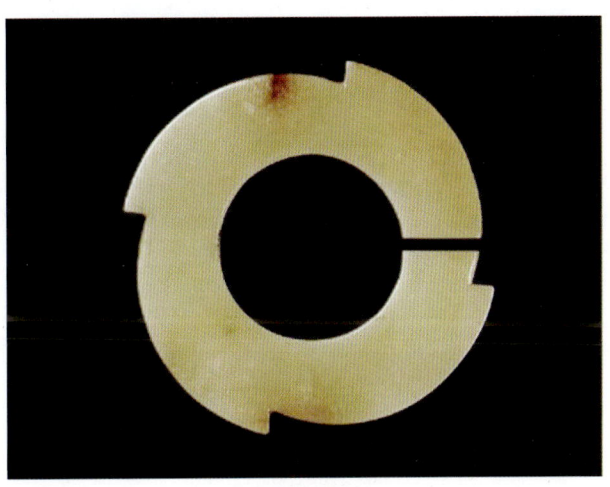

龙山文化玉器
（上海博物馆藏）

良渚文化玉器
（浙江良渚博物院馆藏）

齐家文化玉器
（陇西县博物馆藏）

夏代玉器
（二里头夏都遗址博物馆藏）

商代玉器
（中国社会科学院考古研究所藏）

周代玉器
（中国国家博物院藏）

秦代和田玉杯
（西安博物院藏）

汉代玉琀蝉
（天津博物馆藏）

当代玉琮同心瓶
（刘海）

唐代玄宗禅地祇玉册
（台北故宫博物院藏）

元代玉器
（首都博物馆藏）

明代玉牌
（广东省博物院藏）

第六章 审 美

欲说玉美,先说审美。中华民族一直对玉及玉器怀着很深的情感,根本原因是中华民族悠久的传统玉文化,而玉文化的重要内容之一即是玉器审美,因此,玉器审美是玉器研究和鉴赏极其重要的内容。

第一节 美与审美

审美需要一定的美学修养,没有美学修养,有些美是无从体会的,如痛苦之美、颓废之美、绝望之美。玉器审美是玉器艺术与审美者心灵之间的沟通与共鸣,是玉器艺术在审美者内心深处产生的一种震颤,玉器审美是通过玉器艺术与审美者之间的互动获得的。单纯的玉器艺术很难说美与不美,或者说同样的玉器艺术对于不同的人而言是不同的,有的人会产生美感,有的人却不会,因此,美学修养对于玉器审美具有非常重要的作用。下面将对什么是美以及审美作简要介绍。

一、什么是美

阅读相关书籍,我们知道了一个事实,即中华文化中的"美"字因"羊"而产生,并有多种内涵。

1."羊大为美"

因为羊是人类生存的重要需求对象,羊越大越肥,越能满足人的需要。因此,在许慎的《说文解字》中,将"美"字归于"羊"部,称"美",甘也。从羊,从大。羊在六畜中给膳,美与膳同义。从许慎的这个解释中可以看出,当时人们的审美即是"羊大为美"。羊体大,肉质好,吃起来才"美"。

2."羊人为美"

"美"字最初象征头戴羊头装饰的人,同巫术图腾直接相关联。在崇拜羊图腾的祖先族群之中,有地位的人或巫师戴着羊角样的装饰,跳着具有浓厚宗教色彩的舞蹈,被认为是最美的事物。在甲骨文中,"羊"字并不是"羊大"的形象,而是身饰羊图腾标志的人的形象,意味着在远古时期,中华民族祖先早就知道利用装饰物来扮美了,当时最美的打扮是头戴羊角,跳着巫舞。因此,"羊大为美"以及"美人为美"可能就是中华祖先远古时对"美"的注解。

但究竟什么样的东西才算是美的呢,美的本质又是什么,美有没有标准,美有没有可能被定义,关于这些问题,绝不是几句话就能讲清楚的。美学学科诞生以后,许多美学家对此进行了长期的探讨,得出过许多结论,但直到今天大家还争论不休。柏拉图曾经写过一篇专门讨论美的文章,题目是《大希庇阿斯篇》。文章借用他老师、大哲学家苏格拉底的名义,在与古希腊赫赫有名的大诡辩家希庇阿斯的辩驳中,为美作了许多的定义,但都不能成立。最后,得出了一个十分无奈的结论:"美是难的!"的确如此,美的本质是什么呢?要解答这个问题,的确是十分困难的。

事实上,无论在自然界、人类社会生活中,还是在艺术领域里,美都是普遍存在的,例如,在自然界广泛分布着各种各样的石头,粗糙的沉积岩是一种美,将它们打磨光滑后也是一种美;广泛分布的大理石(也称汉白玉)打磨后宛如一幅幅写意山水画,这是一种美;绚丽多彩的雨花石是一种美,瘦、透、漏、皱的灵璧石也是一种美。涓涓溪流是一种美,磅礴的大海也是一种美,更不用说多姿多彩、晶莹绚丽的珠宝玉石了。因此,大自然的万物,均具有美的特性。在人类社会生活中,美也是无处不在的,人们使用的各种物品、居住的各类建筑及人所创造的一切,均含有美的因素,以美为表现的艺术领域当然更应如此了。我们可以说,美是一切事物的本质与表象中固有的特征之一。同时,美的感觉是主体(指人类但也并不限于人类)在观赏客观事物时产生的一种感受和认识,是审美主体的一种固有的属性,离开这个属性,则不能感觉和认知美。从这个意义上,美和审美是一体的,是同一事物不同的两个方面,或者说是主体与客体共同作用的过程。

李泽厚(2003)认为,由于中国传统经常把一切能作为欣赏对象的事物都称为美,这就使"美"这个词泛化了。它并不能完全等于英文的"beauty",而经常可以等同于一切肯定性的审美对象。就是说,凡是能够使人得到审美愉快的欣赏对象应都称为美。

许多美学家经常把美看成审美对象,如一处风景、一件彩陶、一块玉石、一件玉器、一幅名画……朱光潜(2006)认为:"美是客观方面的某些事物、性质和形态适合主观方面意识形态,可以交融在一起而成为一个完整形象的性质。"这就是说人的主观情感、意识与对象结合起来,达到主、客观在意识状态即情感思想上的统一,才能产生美。霞光、彩虹、景山、故宫、维纳斯、《清明上河图》等,如果没有人去审美或欣赏,就失去了美的价值。

西方的近代美学家对美与审美讨论更多。他们的一个共同特点是把美与审美对象看成一码事。而审美对象是由人们的审美感受、审美态度所创造出来的。维特根斯坦提出"美是一个开放的家族理论,众多美的事物之所以被称为美,不是因为它们有共同的本质,而是因为它们具有相似之处"(李明,2006)。这种相似不是一个由本质统帅的相似,而是一个开放家族的相似。美的世界就是一个相似的开放家族,一方面没有固定的本质,没有固定的外延;另一方面,它又是一个家族,按一定的相似性和联系集居在一起。

巴尔塔萨在《荣耀美学》一书中提出了一种美与人、神相遇的理论。他认为美的本质在于上帝,但它具体化地体现为现实中人(主体)在与对象(客体)互动中与上帝相遇(宋旭红,2007)。相遇的核心是观者与上帝之光相遇,这个相遇包含着两个相互关联的内容:一是观者在客体上遇到了上帝之光;二是上帝之光(圣灵)进入了观者之心。

海德格尔在他的著作《存在与时间》中提出美存在但不可言说理论。该理论认为,美的本质是存在的,但又是不能言说的,特别是不能给出定义的(牛宏宝,2007)。因为如果没有美的本质,世界上各种各样的美的事物就失去了根据。美存在而不可言说的特点具体表现为如下几个方面。第一,具体事物之美无法从美的角度来予以说明,而只能从美之外的角度来说明;第二,如果把事物之所以为美归于一些现世的、现象的、有限的原因,结果是虽然说明了事物的美,但却贬低了事物的美;第三,只能揭示出事物浅层次的美,而不能体悟到事物深层次的美。

对于美的本质是什么,如今仍不可能有确切、终极的答案,而有各种说法。如美是自由创造的形象体现,美是主体与客体的统一,美是旺盛的生命力的体现,等等。这些都可能只是不同角度、不同文化、不同目标等的有感而发。美的本质之所以作为本质,就在于它的绝对性,它对一切时代、一切文化都是适用的,它是超越于任何时代、任何文化之上的。而人类所有关于美的本质的定义和言说,却只能是由具体时代、具体文化给出的,它是来自一定时代、一定文化的,是受具体时代和文化限制的。因此,任何关于美的本质的定义,都不是美的本质的真正定义,只能是关于美在具体时代、具体文化中有限显现的美的定义。美的本质是不可以定义和言说的,这正像我们的先贤老子说的:"道可道,非常道,名可名,非常名。"因此,张法(2004)总结提出了美的三种新论点:第一,美是一个开放的家族;第二,美存在而不可言说;第三,美的本质又是不能定义的。他是论点很有道理,同时也意味着我们在追寻美的本质答案中的诸多无奈。东汉许慎在《说文解字》中曾有惊鸿一笔:"玉,石之美者"。这个"美"字使玉具有了让众人倾倒的特质,但他的这个"美"又过于含糊,到底是什么让众人倾倒?是材料?是质地?是彩色?是工艺?是内涵?都没有说清楚。可能也不是不想说清楚,而是其中也包括着诸多无奈。

二、关于审美

审美是人类理解世界的一种特殊形式,指人与世界(社会和自然)形成一种无功利的、形象的和情感的关系状态。审美是在理智与情感,主观与客观上认识、理解、感知和评判世界上的事物。审美也就是有"审"有"美",在这个词组中,"审"作为一个动词,它表示一定有人在"审",有主体介入;同时,也一定有可供人审的"美",即审美客体或对象。从哲学的角度来看,审美是事物对立与统一的极好证明,如审美主体与审美客体之间的对立统一(王朝闻,2011)。每个审美主体的审美观是不同的,有很大的主观性。而且,审美客体也千差万别,绝对不会存在两个完全相同的个体。审美的统一性在于个体的审观美放大到整个社会,大体认识是一致的,有基本的规范和标准,而每个审美客体虽然存在个体差别,但都是作为审美对象而存在,它们是个体与整体的关系,因此,它们又是统一的。

由于审美是一种主观的活动,因此很多人会认为,审美只是人的一种特殊的行为,在其他动物中不存在审美。其实不然,人们对动物是否存在审美这一行为的推测,很大程度上被人们的思维所左右,而并不是真正从动物的角度出发,因此难免存在偏差,也很难说审美仅为人类所特有。著名生物学家达尔文就认为,动物与人一样都可以具有审美意识,他曾指出:"美感——这种感觉也曾经被宣称为人类专有的特点,但是,如果我们记得某些鸟类的雄性在雌鸟面前有意地展开自己的羽毛,炫耀鲜艳的色彩……,我们就不会怀疑雌鸟是欣赏雄鸟的美丽了。"

审美的范围极其广泛,包括建筑、音乐、舞蹈、服饰、陶艺、饮食、装饰、绘画等,当然也包括本书所要阐述的玉石、玉器及相关艺术。审美存在于我们生活的各个角落。走在路上,街边的风景需要我们去审美;坐在餐馆,各式菜肴需要我们去审美……当然这些都是浅层次上的审美现象,我们需要审美,研究审美,更应从高层次上进行探讨,即着重审人性之美。我们不断追问自己的心灵,不断提高自己的审美情趣。审美是在理智与情感、主观与客观的具体统一中追求真理、追求发展,背离真理与发展的审美,是不会得到社会长久且普遍赞美的。

人之所以需要审美,是因为世界上存在着许多的东西,需要我们去取舍,找到我们需要的那部分,即美的事物。有句话说得好:"黑夜给了我黑色的眼睛,我却用它来寻找光明。"另一句话则是"上帝为我们开启了心灵的窗户,我们用它来寻找美"。人的智慧从客观上决定了我们对美好事物的追求,而动物即使有审美的意识,也是缺乏主观和客观能动性的,只是本能地适应这个世界。人类则不同,可以通过自己的智慧发现世界上存在的许多美的东西,可用来丰富自己的物质生活和精神家园,以达到愉悦的目的。

人之所以审美,除了愉悦自己的目的之外,在很大程度上也是为了完善自己。通过一代代人对周遭世界的观察和评判不断进化,形成了更为完善的对事物的看法,剔除人性中一些丑陋的东西,发扬真、善、美。在当今社会中,通过对美好事物的欣赏,尤其是对人性中存在的友情、亲情、爱情的审美,不断为生活在钢筋水泥的城市森林中的人们提供心灵的慰藉,弥补他们因为物质与精神不协调而产生的心灵空虚。

将人生的痛苦当作一种审美现象进行观照,同时也意味着是一种从艺术的视野而不是从道德评价的视野来观察和感悟生命的审美的人生态度。如果我们能够化悲痛为力量,换一个角度来审视人生的挫折和痛苦,将这些人生历练作为一种难得的财富加以咀嚼和收藏,则能够在人生的风浪中变得成熟,或许这样的人生才算真正有意义的人生。能够真正做到这些的人才算真正在这个世界上活过。审美的最高境界或许就在这里吧!

审美是一种文化活动,是人类精神文化行为之一。审美从朴素、简单的生理快感开始,到有更丰富、复杂的精神内涵,即人类超生理感官追求的更高级、复杂的心理情感和精神观念的寄托与表达。人类审美活动进入自觉的以艺术创造为核心的时代后,审美意识日益复杂,它日益与人类的各种文化活动紧密的联系在一起,如科学、哲学、伦理、宗教、政治、经济等。以至于一个人,如果没有一定的文化水平、知识积累、人生感悟等,面对内涵丰富、技艺复杂的艺术品,一般而言就很难进入审美状态,也更难轻松地获得美感。为此,加强文化修养、增加知识积累、丰富人生感悟、提高审美能力、知晓审美原理等成为我们轻松进入审美殿堂、获得美感的关键。

1. 审美能力

审美能力亦称艺术鉴赏力,是指人感受、鉴赏、评价和创造美的能力。薛富兴(2006)将审美能力分为形式感知力、联想想象力、情感体验力、理性领悟力等,意味着只有四个方面的能力均得到提高,审美能力才会得到整体的提高。

"生活不是缺少美,只是缺少发现美的眼睛"。但实际情况并不是所有人都有较高的审美能力。说到"审美能力",最容易让人想到的是什么呢?可能想到的是人的着装打扮。其实,所见之处都体现了审美力,一个城市的街道和市容景象,一个小区的园林设计,一家餐厅的室内装饰……

举个例子,没有一个人觉得自己穿得很丑,然后还照样出门。之所以看起来不同,其实就是审美能力不同。也就是说,其实他对此并不自知,也就是不知道他审美力较低。当然也有人完全不在乎,这另当别论。同样的生活水平,有的人生活更有质感,这与审美能力有着极大的缘故。同样的花销,在现实生活中总有女人可以把自己打扮得漂漂亮亮,也总有不尽如人意。提高审美能力成为十分重要的问题。

对个人而言,审美力体现出来的就是生活的质感。怎样提高自己的审美能力呢？任何人的审美能力都不是先天的，都是需要在审美实践中逐步锻炼和培养的。首先要多读、多听、多看、多接触各种艺术形式和艺术流派。只有在博览的基础上，才有可能辨别真伪优劣，培养出较高的艺术鉴赏能力。各种艺术形式之间存在有机的联系，对各种艺术形式培养一定的兴趣，会有助于艺术修养的提高。各种艺术流派之间是有内在联系的，只有广泛通晓各种艺术流派，才可能有比较有鉴别，才可能采各家之精华，培养起高尚的艺术情趣。

　　培养审美能力要树立正确的世界观。世界观同人们的整个精神世界——心理状态、道德观、艺术趣味、审美能力等紧密地联系在一起，如果没有正确的观念作指导，欣赏者就不可能领会各种艺术作品之美，也不可能接受艺术所表达的思想倾向。要想培养自己的审美趣味，就需要扩大自己的欣赏视野，从而提高艺术修养水平。要想欣赏玉器艺术，就要对玉石和玉器之美有深入的了解；要想欣赏音乐，就需要有会听音乐的耳朵；要想判别形态的美，就需要有锐利敏感的眼睛；要想接触古今中外一切优秀的文艺作品，就需要阅读它们、欣赏它们，借以锻炼自己的形象思维能力。要正确引导自身的审美趣味，还需要那些具有某种专长的人在欣赏方面加以指导、帮助。往往专家的意见可以影响、甚至改变自身的兴趣和观点。对艺术进行具体的分析、讲解，有助于人们加深对作品的认识、理解和感受，深刻认识现实社会生活。一件优秀的艺术品，能深刻而典型地反映社会历史，能成功地再现生活。提高艺术修养，有助于全面地欣赏艺术品，深刻地认识作品的社会意义，更全面理解社会、人生和现实生活，从而增强历史责任感，增加生活情趣，得到更多的艺术享受。注意艺术修养，可以丰富自己的精神生活，得到更多更高尚的艺术享受，从而增强对生活的感情。这样，在群体中的形象也将更加丰满、更富有人情味，更能够和群体融合在一起，更好地吸收人类文化的一切精华，汲取一切进步的思想营养。任何一件艺术作品都反映了作者一定的思想感情和生活信念。注重艺术修养，可以更深刻地体会一件优秀艺术作品进步的思想倾向，从中汲取向上的力量。艺术具有道德的价值，一件优秀艺术作品能对自己道德观念和人生选择方面产生重大影响。注重艺术修养，就可以通过进步的艺术形象，吸收进步的道德观念，逐步培养道德情操。

2. 审美趣味

　　审美趣味是人们根据自己的审美观对自然、社会生活中的各种现象和事物以及艺术作品的审美价值作出直接的、感性的审美评价和态度，是以个人爱好的方式表现出来的审美倾向性。审美情趣来源于人的审美理想，审美情趣又决定着人的审美标准。由于审美主体的生理基础、心理素质、文化教养、生活环境和生活经历各不相同，人们的审美能力在质和量两个方面都会产生无穷大的级差。这些能力不但具有各自的指向性,而且在能力的高低、智愚之间,有着极大的差异。

在美学上,审美趣味常常被视为主体审美能力发展水平的标志。审美趣味的个性差异取决于主体个性的不同特征。由于社会生活内容异常丰富、复杂,人们生活的环境、从事的事业、经历的道路、承受的社会影响各不相同,因而就形成千差万别的个性。千差万别的个性给审美趣味打上深刻的印记,这就构成了审美趣味的个性差异。

审美趣味的个性差异,主要表现在两个方面。第一,形象感知的差异。有些人的知觉属于综合型,他们的知觉具有概括性和整体性,但是分析方面能力较弱;有些人的知觉属于分析型,有较强的分析能力,对细节感知清晰,但综合能力较差;还有些人的知觉可能兼具上述两种类型的特点,可称为分析综合型。第二,内容领悟的差异。因为不同主体对具体美感对象的关系不同、态度不同,加之感受时的选择方向、敏感程度、注意程度、侧重方面以及记忆和联想的具体内容等会有许多差别,因此感受时的领悟和情感反应也就各相歧异。

3. 审美的双重性

德国后现代主义哲学家韦尔施明确指出:"审美具有感觉和知觉双重性质,在感知的语义因素内部,明显可见一个更进一步的区分,因为感知可分成两个方面:一方面为感觉;另一方面为知觉。"感觉是人脑对直接作用于感觉器官的客观事物的个别属性的反映。感觉是最初级的认识过程,是一种最简单的心理现象。当然感觉并不一定在某一时间内只反映一种属性,而是可以反映许多种属性,但在感觉中,各种属性之间既无组织又无界线。正如一个人进入某个完全陌生的环境里,虽然这个环境中既有各种声响,又有各种气味,但他分不清哪个声响来自哪种东西、哪种气味源自哪个物体,这时对他来说,各种声响和气味只是杂乱无章的一大堆刺激。

知觉是直接作用于感觉器官的事物的整体在脑中的反映,是人对感觉信息的组织和解释的过程。例如,看到一块玉石或一件玉器,听到一首歌曲,闻到一种花香,尝到一种美食等,这些都是大脑所传达的知觉现象。感觉与快乐相联系,属情感性质;知觉与客体相联系,属认识性质。审美可以拥有一种享乐主义的意义,表达感觉的快感积累,以及一种理论方面的意义,表达知觉的观察态度。审美知觉一般更多的是指各因素之间的关系,涉及连接和对比、和谐与联系、反向的支撑以及类比,审美知觉关注它们的协调和完成。我们设计的结构之所以是审美的,完全是因为在它们内部,把五花八门的东西奇妙地结合起来,彼此协调有序。日常生活中的尖锐冲突、互不协调的东西,似乎自然而然就依凭审美的节律合为一体了。从基本感性向审美感性的转移,同时也是从矛盾向包容、从冲突向和谐、从分歧向协调的转移(薛富兴,2006)。

4. 审美心理

审美心理是指人对客观对象美的主观反应。人的审美心理产生于人类的生产和社会生活实践,并在长期历史进程中逐渐发展、丰富和完善。它具有民族性特征,在阶级社会里由于受阶级意识形态制约,除存在一些共同的审美心理外,还表现出许多差异性特征。

感知、联想、情感和理解这四者又可以称为审美心理要素。动态地看,现实的审美活动实际上就是感知、联想、情感和理解这四种审美心理要素相继发挥作用的过程。作为一个动态的过程,审美心理活动具有依次展开的各个阶段,主要包括审美期望、审美实现和审美弥散3个阶段。

5. 想象与情感

想象是人在头脑里对已储存的表象进行加工改造形成新形象的心理过程。它是一种特殊的思维形式。想象与思维有着密切的联系,都属于高级的认识过程,它们都产生于问题的情景,由个体的需要所推动,并能预见未来。想象是审美的中介和载体,是审美的关键,是艺术的花朵,是包括玉器艺术在内的一切艺术生命的源泉。离开想象谈艺术,就如同不开花的玫瑰,只能看到它的绿叶,却永远闻不到它的芳香。

在玉器艺术品的创作中,优秀琢玉人的想象就像一匹狂奔的野马。他们无拘无束地在众多的玉器材料中搜寻、捕捉。根料或某个根料的疤节、纹路、形态在他眼前浮来、晃去,就像儿时仰首观赏夕阳西下时那五彩缤纷、刹间多变的风云,一会儿像飞龙翻滚,一会儿似灵猴嬉闹,一会儿如窈窕淑女,一会儿若关羽夜读。那种变幻给了他无限的想象空间,让他随意进行捕捉,尽情遐想。在创作的想象发展过程中,各种形象分析可以自觉、自由地加以调整,当发现某种想象结果不够恰当时,可以同时通过再想象加以改变,最后确定一个最佳创作方案。美学家朱光潜说:"灵感主要就是在我们潜意识中酝酿成的情思猛然涌现于意识。"灵感的现象就是创作者长期的生活经验积累,各种问题具象已超越想象,早已在他心中凝聚,在某种特定时候开始爆发出来。

情感是人对客观事物是否满足自己的需要而产生的态度体验。俄罗斯著名作家托尔斯泰说过:"艺术是这样的一项人类活动:一个人用某种外在的标志有意识地把自己体验过的情感传给别人,而别人由这些情感所感染,也体验到这些情感。"从这段话中我们就可能看出情感与艺术的紧密联系。艺术创作是一种传达情感的活动,它应该做到以情动人。艺术欣赏是一种接受感染的活动,它需要情感体验。无论是艺术创作还是艺术欣赏,情感一直贯穿始终,犹如人身体中的血液,让人感到它的流动,它的沸腾。

第二节 玉器审美

玉器,在中国人的心目中象征着瑰丽、高尚、坚贞、圣洁。中国人近万年来敬玉、爱玉、赏玉、戴玉、玩玉、藏玉,对玉怀着一种特殊的情感。根本原因在于玉器具有特殊的美。

一、材料性质美

1. "性"美

"天命之谓性"。自然产生的物质均具有美的特性,玉器的材料也不例外,一件玉器的制作就是充分利用玉料的"性"等特征而达成,玉器材料的"性"美是玉器审美的基本内容之一。

(1)韧度好且具耐磨性。玉料的硬度不能与某些单晶宝石相媲美,但它的韧性较好。按常见宝玉石韧性分级,玉石中的和田玉是天然已知宝玉石中韧性最好的。这是因为和田玉是由极细矿物组成的纤维变晶交织结构,或毛毡状结构等因素决定的。和田玉的韧性决定其雕琢加工性能良好,且古玉能保存成千上万年,例如20世纪80年代美国某地发生六级地震,将珠宝货架震倒,只有玉器首饰保持完好,而其他首饰则粉身碎骨,面目全非。玉石一般具有较高的硬度和韧性,由此决定它们具有较高的耐磨性。

(2)光透柔和。玉石与单晶宝石不同,它们是矿物集合体,故多呈半透明或不透明状,因而以玉石作为材料制成的艺术品一般光透柔和,显朦胧的阴柔之美,与单晶宝石的较强透明度、光辉耀眼、阳刚之美呈明显对照。

(3)玉石导热率低。对冷热变化表现为惰性,冬天摸它不显很冰手,夏天摸也感不到热的刺激,冬暖夏凉,适宜于贴身佩戴。

(4)耐酸碱性强。大多数玉石耐酸碱,能埋于地下千万年而保持化学稳定性,大多数其他材料的化学稳定性不能与之相比。

(5)声音优美。玉石与其他材料相比,敲之声音优美,"金声玉振"就是声音优美的表达。

2. "质"美

玉器质美在历史上是最早被认定的,如汉以前就重视质地美,孔子提出的"玉德美"多数是对玉的质地进行拟人化的结果。古称"美玉无瑕,白璧无瑕",形容的就是质地细腻、纯净、无瑕之美玉。玉质美的主要内容可大致概括如下。

(1)"坚缜细腻"之美。玉器材料质地坚硬缜密,细致而滋润,组成矿物微细致密,有的甚至达到纳米级,经磨蚀后表面显油润感,故称"坚缜细腻"之美。此处坚硬是将玉石与一般岩石比较的结果。

(2)"温润以泽"之美。玉器材料大都是致密块状集合体,表面显强油脂光泽,在加上磨蚀成光滑曲面,故呈"温润以泽"之美。

(3)"无瑕"之美。大多数玉器材料主要为单一矿物组成的块状集合体,无杂质,故显"美玉无瑕、白玉无瑕"之美。

特别要强调的是,被称为中华民族传统玉文化骄子的和田玉是一种交织成毛毡状结构的透闪石或阳起石纤维状的微晶集合体。这种结构决定了它具有许多优良的特性,如质地细腻、坚硬缜密、滋润、亮丽照人。

二、色彩美

东汉王逸提出四色审美标准,发展了孔子"孚尹旁达"的色彩美主张,为玉色彩美审美评价标准开创了历史先河。根据现代审美原则,可以从单色美、双色美、多色美、调和对比和节奏韵律等原则出发讨论玉的色彩美特征。

1. 单色美

色彩中的某一单色,如蔚蓝的天空、碧绿的湖面等能给人带来明净、纯洁的美感。例如和田玉,色彩十分丰富,有白如截脂、绿如翠羽、黄如蒸栗、赤如鸡冠、黑如纯漆,根据颜色可进一步分成白色系列、绿色系列、黄色系列、黑色系列、红色系列及其他系列等。

2. 双色美

调和与对比反映了矛盾的两种状态。调和是在差异中趋向于"同"(一致),对比是倾向于"异"(对立)。根据此审美原则可将玉的两种颜色分别鉴赏。

(1)玉色调和美。色彩中的红与橙、橙与黄、黄与绿、绿与蓝、蓝与青、青与紫都为邻近的色彩。在同一色中的层次变化(如深浅、浓淡)也属于调和,在变化中保持一致。例如天坛深蓝色的琉璃瓦与浅蓝色的天空及四周的绿树配合在一起显得很协调。杜甫诗中有"桃花一簇开无主,可爱深红爱浅红",玉色的调和也是同理。

(2)玉色的对比美。对比是把两种极不相同的东西并列在一起,使人有鲜明、醒目、振奋、活跃之感。如色彩中的黑和白、红和绿、黄和蓝都是对比色。杨万里的诗"接天莲叶无穷碧,映日荷花别样红";王安石的诗"万绿丛中一点红,动人春色不须多",这是红与绿的对比。黑与白也是一种强烈的对比,杜甫的诗"白催朽骨龙虎死,黑人太阴雷雨垂";苏轼的诗"黑云翻墨未压山,白雨跳珠乱入船",就表达了黑与白对比的审美感受。如一块羊脂白玉上有墨玉条带,又如一件羊脂玉双鹿玉雕,红色的角、蹄和梅与白色的鹿身形成对比。这些均是十分有冲击力的颜色搭配。

3. 多色美

多色美是指多种颜色搭配五光十色,七彩纷呈,例如一块出土的古玉上沁色丰富。同一块玉上颜色变化规律不同,可产生如下多色美类型。

(1)节奏美。色条、色块疏密有致的变化可显示一定的节奏感。至于如何判断玉石颜色变化的节奏,审美者可各抒己见。

(2)韵律美。在节奏的基础上赋予一种情调的色彩便形成韵律,韵律能给人以情趣,满足人的精神需求。郑板桥所画的无根兰花,在形象的排列组合中所表现的那种充满情感的节奏,也就是韵律。玉的颜色韵律可用不同颜色在一定方向上重复出现的规律来体现。

(3)斑驳陆离美。例如七彩欧泊的色彩就是斑驳陆离美的典型代表,斑驳陆离是指说不出变化的规律,但又很美的多色变化。

4. 光泽美

玉石之所以千百年来为人们所钟爱,是因为它们的材质不但稀有而且美丽。人们常说"珠光宝气",其实"光"和"气"在玉器上是一个意思,就是指玉器的光泽。那么玉器的光泽到底有什么特别呢?玉器根据反光能力不同,可以分成为不同类型的光泽,其中的玻璃光泽、油脂光泽、珍珠光泽是玉器中最为常见的,也是玉器审美中最被人们所看重的。

5. 特殊光学效应之美

人们常常给美丽的玉器赋予生命力,当然这只是一种主观的行为,但要是从另一方面客观地看时,你会发现玉器不一定真有生命,但却实实在在地具有灵气,而这种灵气就表现在它的一些特殊光学效应上。玉器的特殊光学效应常见的有晕色效应、变彩效应、星光效应、月光效应、猫眼效应、变色效应、发光效应等。欧泊扑朔迷离、绚丽多姿的色彩美以及夜明珠的神秘发光就是由它们的特殊光学效应产生的。

三、道德美

"道"与"德"是中国传统文化和哲学的核心概念,其中"道"是万事万物的总根源,只有"得(德)"于道才能真正地"德"成万物。万事万物从"道"中"得"且内赋自身者,即所谓的"德"。"德"乃"道"之"德",在道生出万事万物后没有一刻脱离,而是以"德"的形式存在于其中。换句话说:"道"是万事万物的根源,"德"乃是"道"在万事万物中的显现,是万物的本性。所以,"道"是"德"的内在实质,"德"是"道"的外在显现;"道"是无形的,"德"是实在的;"道"是本质,"德"是具体。玉石之美方方面面,但就其内涵而言,集中体现在道美和德美两个方面。而且,我们可进一步地说,只有有了道美和德美内涵的玉器作品才会有旺盛和永久的生命力。

1. 道美

中国传统文化中讲究文以载道,道以成器,而器以载道则是文以载道的化用。中国传统造物的意境是通过形态语言,传达出一定的趣味和境界,体现出审美愉悦感。器物设计创意总是与一定的时代风格、审美风格同步发展,任何一个时代的器物都是该时代特定物质条件和精神条件的结合体,中国玉器艺术也不例外。《易经·系辞》曰:"形而上者谓之道,形而下者谓之器。"庄子在《知北游》中说:"天地有大美而不言,四时有明法而不议,万物有成理而不说。"这几句话基本可以作互文来解释,都是对道无为状态的描述,但几句话已道出了道与美关系的本质。它们并非是一个层次,美是处于从属地位的,是体之用,一之多,本之末。即大美只是道的众多表现形式或特征之一,于是,庄子提出"道至美至乐"的美学主张,视道为美的最高境界。玉器之道美属于形而上的范畴,是玉器美的最高境界,它包括政治、经济、哲学、宗教、文化、自然科学等方面。

2. 德美

德字始见于西周金文,周代提出德的标准是"施实德于民"。玉德是统治者根据施德政的需要,以比附和抽衍的思维活动将玉固有的质地美转化为思想修养和行为准则上的最高标准的德。见于古籍的玉德尚有五德、六德、七德、九德、十一德等多种学说。影响最深远的是孔子所提倡"玉有十一德"之说,这是玉文化中伦理道德方面的领域,属于社会美、精神美的范畴,最终落实于"君子比德于玉""古之君子必佩玉,群子无故玉不去身",以玉德约束君子的社会行为。玉德提出于奴隶社会后期的春秋时代,到了独尊儒术的汉代,许慎改变了孔子的十一德说,认为玉有五德,这是历史上玉德的最后诠释。成为玉文化在封建社会条件下发展的精神支柱,给玉文化注入了新的血液,使其永葆青春。天然美是玉石本质的自然属性;将玉"人格化",用玉的质地喻人喻事,则是玉的精神属性。物质财富和精神财富的总和使玉文化成为中国(乃至东方)文化的重要内容。许慎《说文解字》称:"玉,石之美者,有五德。润泽以温,仁之方也;鳃理自外,可以知中,义之方也;其声舒扬,专以远闻,智之方也;不挠而折,勇之方也;锐廉而不忮,絜之方也。"此五德,既指玉,又指人。高标准,严要求,语意双关。

(1)玉仁。润,指细腻光滑、湿润、润滑。润泽指玉石的油脂光泽,比喻施恩泽。温指温和、柔和。"润泽以温,仁之方也"是说,颜色、质地、光泽温润柔和,滋益万物或恩泽万物,是玉石富有仁德的表现。

(2)玉义。理是指玉石的纹理。"鳃理自外,可以知中",即根据玉石的外部特征可以了解它的内部情况,表里如一,内外一致,这是富有正义感,坚持实事求是的表现。

(3)玉智。优质玉可制作成乐器,因玉质地坚硬细腻,故击之声音舒展清扬,散播四方,听起来和悦,这是玉石富有智慧和远谋的表现。

(4)玉勇。玉虽硬度不算太高,但韧性在自然宝石中居首,故玉有宁折断而不弯曲,显坚贞不屈的勇敢精神,有"宁为玉碎,不为瓦全"的气节。

(5)玉洁。廉即廉洁,清廉;忮即嫉恨;絜意洁。"锐廉而不忮",指玉碎之后,断口虽然锐利,有能力报复于人,或求得好处,但玉能保持廉洁而不为之,体现冰清玉洁的高贵品质。

四、玉艺美

《礼记·学记》有云:"玉不琢,不成器。"玉器的艺术美与文化内涵美离不开能工巧匠们的雕琢。玉雕艺术的创作是按照形式美的规律组成的艺术形象。它与国粹京剧艺术同样重欣赏轻情节,重形式轻内容,讲究形式美。可以说,玉雕艺术不是大型交响乐,而是抒情的轻音乐,就像喝一杯清茶,既兴奋又柔和。玉雕艺术创作当然要反映生活,表达一定的思想内容,但在程度、形式和表现手法上都与绘画有所区别,它是用高度的概括、夸张、寓意、象征的手法来表达的,如四季花卉同时开放,日月同时生辉,天南海北同时出现等。

作为造型艺术,玉雕艺术特别强调形式美的规律,注重运用不同雕刻手法来表现形式美。其雕刻手法主要有圆雕和浮雕。圆雕又称立体雕,是指非压缩的,可以多方位、多角度欣赏的三维立体雕塑。圆雕是艺术在雕件上的整体表现,观赏者可以从不同角度观看物体的各个侧面。它要求雕刻者从前、后、左、右、上、中、下全方位进行雕刻。圆雕的手法与形式也多种多样,有写实性的与装饰性的,也有具体的与抽象的,户内的与户外的,架上的与大型城雕的,着色的与非着色的等;雕塑内容与题材也是丰富多彩,可以是人物,也可以是动物,甚至于静物;材质上更是丰富多彩,我们所定义的玉、玉石、彩石甚至木质、金属等材料都可以进行圆雕。浮雕是在平面上雕刻出凹凸起伏的立体形象,利用透视、错觉、实影造成较为虚拟的空间效果,可以表现错综复杂的场景。圆雕和浮雕经常同时出现在同一件玉雕作品上,两种表现形式相互衬托,穿插运用。在玉雕艺术作品的表现题材上,通常将其分为山子、器皿、人物、花鸟等,在工艺的角度上其鉴赏和评价原则不尽相同。这种分类方式具有技艺上的专业性,也较好地抓住了作品的形式特点。然而作品的题材范围是十分广泛的,表现题材随着时代的发展也存在不断变化发展的趋势,因此必须借鉴艺术学的研究成果和研究理论,对各种不尽相同的玉雕艺术作品的审美元素进行分解和概括,才能真正领悟玉雕艺术作品鉴赏和审美评价的要领。

根据玉雕作品形式鉴赏的特点和重点,可以将其简单归为具象玉雕、装饰玉雕和抽象玉雕三大类。当然,对这种划分的理解不能过分教条,这种分类并不绝对和截然,比如具象玉雕和抽象玉雕都有装饰功能,而装饰玉雕又往往采用了不同的具象组合和抽象纹饰来突出主题并强化装饰效果;而抽象玉雕一定是对某种客观具象事物的抽象表现,但其表现形式一定具有某种装饰效果。

《诗经·卫风·淇奥》中记载了玉雕所采用的技法:"如切如磋,如琢如磨。"切、磋、琢、磨,即对玉料进行分解、修整、雕刻和抛光。玉雕属于"减法"雕刻,需对整体有一定把握,所以玉雕的琢磨首先是粗雕,再运用线刻、浮雕、镂空、钻孔、活环、隐起、抛光等技法进行细雕。最后打磨,即使用细腻柔软的木片、葫芦皮、牛皮等材料,蘸上珍珠砂浆,经历反复抛光之后,使玉器具有凝脂般的光泽。

在中国的玉雕技法中,还有一项独具特色的,即为"俏色"。有些玉料中经常带有一些杂色,弃之可惜,匠人们便以杂色部分的形与色为基础进行设计。清代玉雕翡翠《蝈蝈白菜》即采用了此类技法进行雕琢。白菜根部基本呈白色,而白菜的顶部及蝈蝈运用玉的黄、绿之色进行表现,塑造出了白菜被霜冻之后的质感以及绿蝈蝈在食用白菜时的场面,极富自然妙趣之感。中国古人历经数千年不断钻研、创新玉石雕刻技艺,时至今日,这些技法的综合运用,更能烘托出玉石之美。

因为玉料在古代稀有、尊贵,所以在进行创作时要尽量避免弃料的产生。工匠们需要对"遗弃"之玉料重新构思、巧妙设计,变废为宝。以清代的《白玉桐荫仕女图》为例,它原本为制作碗材的废料,但工匠们随形巧做,将被剔除的部分设计成半掩的月亮门造型,又以两个仕女望门而立,一人手持如意,另一人双手捧物,巧妙地将人物肢体动作与废料相结合,造型别致。由平雕纹线改为三维立体透视表现,增加了进深感,这件玉器也深得乾隆皇帝的赞赏。

中国古代讲求气化阴阳。从玉器本身来看,其坚硬的质地给人以阳刚之美,但玉本身的色泽是温润、通透的,又显现出阴柔之美,而如何将玉的色泽与质地完美结合是玉雕者需要考虑的问题。工匠们力求从整体把握,尽量保留玉本身的特性,又能将玉器的质感与色泽更好地反映出来,给人以平和静雅的中和之美。

时光荏苒,岁月匆匆流逝,中国玉雕在历史的长河中沉淀着中华民族优秀的文化。当代的艺术创作只有从传统中不断汲取营养,才能在世界文化中存活、发展,也只有承载传统文化基因的艺术作品才能获得广泛的认同。从新石器时代的朴拙,到明清的精致,再到2008年北京奥运会玉石奖牌的典雅……我们能看出,玉雕不仅是中华礼乐文化的代表,而且是民间文化的重要组成部分。现今,玉文化已被越来越多的人关注,并以人文关怀的价值理念阐释着艺术家们对中国美好未来的殷切寄托。

中华玉雕文化源远流长,博大精深。它不仅传达着古人的审美追求,更是被中华民族赋予了深刻的文化内涵。在今后的发展中,玉雕艺术家们应该继续以传统文化为根基,融合国内外玉雕艺术与时代审美气质,创作出既蕴蓄深厚的审美品格,又有广泛认可度的玉雕艺术品来。

五、历史美和科学美

1. 历史美

历史美体现着人类社会发展的本质与规律,是能够引起人们愉悦情感的具体的社会形象。人类在历史活动中按照美的规律不断地显示和体现自己的本质力量,从而创造着历史美,历史美从本质上说是人的本质力量对象化的确证和展现(万斌等,2017)。笔者认为中华的历史与文化长期被固有观念、思路等所束缚,通过对以玉器和玉文化为主要内容的研究发现,中华文明史既不是过去人们说的4000年,也不是现在被大多数人认可的5000年,而是被近代考古发现所揭露的大约10000年(廖宗廷等,2018)。近一百年来一系列重大的考古发现证明,中华文明史历时近万年,中华上古文明时代是由多元并行发展的文明中心逐渐向连成一片的、具有丰富内涵的、氏族制的中央政权与地方政权互为冲突更替而终成大一统的时代。这一时代以天文历法、文字发明、八卦文明、河洛文化、玉器文明、农耕文明、图腾文明为重要支柱。玉器文明是最显著的特征之一,也是区分中华文明与世界其他文明最显著的标志。在中华文明史历程中,可在被传统历史学普遍认可的石器时代和青铜器时代中间划分一个独特的玉器时代(曲石,1991)。考古发掘及研究结果证明,这个时代的鼎盛期为从距今6000年至距今4000年(汪久文,2016),但在这个时代之前,中华玉文化还有着更加漫长的孕育期和成长期(汪久文,2016)。

由于中华民族的玉器历史悠久而延绵不断,中华民族对玉器的感情是其他民族难以想象的。对其他民族而言,玉器就是石质器物,可在中华民族的眼里,玉器是与众不同的,它已经超越了单纯的科学范畴而成为中华民族族群的精神寄托。直到今天,如果拿起一件当代玉器,我们会重点去评价它的颜色,它的质地,它的制作。可当我们看见一件古玉器,在欣赏它的造型,它的沁色,它的质地的时候,心中油然而升的会是一种强烈的民族自豪感,究其原由,就是形形色色的中华古玉器里蕴含着近万年中华文明的沉淀以及中华儿女的民族精神,是一种极高雅且难以言表的美。

2. 科学美

一件玉器,其材料要经历好几亿年的时间才能形成。以新疆和田玉为例,其成玉的物质钙、镁等来源是中元古代晚期(距今约十几亿年)在浅海里沉积的白云岩,在经历了"塔里木运动""海西运动"等地壳运动后,在海西晚期,由于中酸性岩浆的侵入而发生接触交代变质作用,岩浆带来硅等成矿物质和成矿热液,在适宜的物理化学条件下,岩浆与白云岩发生一系列交代作用最终形成了和田玉原生矿床。和田玉原生矿床一开始深埋在地下,后来又经过复杂的地壳运动,最终随着昆仑山造山作用一起上升到地面。随后又经过多年的风吹雨打,岩石断裂、风化剥落,随着爆发的山洪冲击而下,在山脚残坡积物(山流水矿)和河床中(子料)形成和田玉次生矿床。当地居民自古以来就有农闲时节下河捞玉的习俗。这种习俗的形成是以特殊的地质作用为前提,归根到底是由特殊的地质作用规律决定的。

当一块小小的和田玉被握在我们手里的时候,我们感受到的是它温润柔和的触感、表里如一的玉质、清扬远播的声音。然而正因为和田玉的这些特性,先民们很早就开始将玉投入劳动生产,在劳动的过程中发现了玉的美,由美而产生崇拜,由崇拜而使其人格化。数千年来,玉被人们赋予了多少精神内涵!佛家说:"一花一世界,一叶一如来。"其实后面还可以加两句:"君掌盛无边,刹那含永劫。"这四句话告诉我们:从一件很小的事物就可以看出整个世界,从时间的一个点上,可以看到向两端无限延伸的时间。一件小小的玉器,放在手上把玩或许并不稀奇,然而当你细细研究,或许你会发现它包含着天地乾坤,方寸之间,尽显科学之善。

和田玉雕（性质美）
作者：俞挺

和田玉籽料（性质美）

岫玉-雪糕（性质美）
作者：唐帅

和田玉雕-大音希声（内涵美）
作者：杨曦

翡翠（色彩美）
作者：庄庆芳

和田玉-悟道（内涵美）
作者：田玉玉

和田玉-提链壶（工艺美）
作者：马洪伟

和田玉（光泽美）
摄于新疆华凌玉市场

和田玉猫眼（光学效应美）
作者：方子亮

和田玉（性质美）

翡翠(透明之美)
雷隆翡翠提供

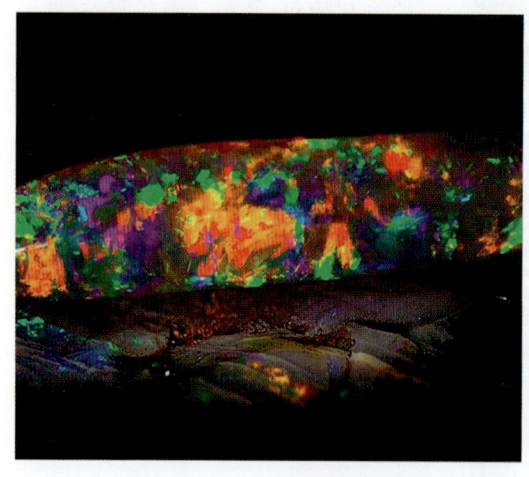

欧泊(色彩斑驳陆离之美)

翡翠(单色美)
雷隆翡翠提供

第七章 鉴 藏

"货真"与"价实"是玉器鉴藏和投资的前提。要做到"货真",就必须学会玉器的真假鉴别方法;要做到"价实",则必须学会对玉器的质量、价值、用途等有清楚的了解,进行正确的评价,同时还需掌握玉器市场的行情和发展趋势。掌握玉器鉴定和评价的理论与方法并非易事,不但需要具备较扎实的理论知识,更需要具有丰富的实践经验,有时还需一定的感悟能力。在玉器行业内,即使是从业数十年的人士,也经常有出错的时候,对于玉器鉴藏,投资者和爱好者应高度重视。

第一节 鉴 别

玉器涉及的内容较多,需要鉴别的玉器类型也较多,有和田玉器、翡翠玉器、独山石玉器等各类玉器的鉴别;有当代玉器和古代玉器的鉴别,古代玉器的鉴别又涉及距今近一万年来各个时代的玉器;有各种用途、各玉器制作者(如陆子冈)玉器的鉴别;还有同种类玉器,涉及不同产地的玉的鉴别问题;等等。玉器鉴别方法也有很多:第一种是凭借民间流传的经验来观察识别;第二种是借助放大镜来进行识别,通过观察玉器表面特征、内部结构特征、琢型、纹饰、颜色分布、沁色等进行鉴别;第三种是用常规仪器进行鉴别,即借助诸如折射仪、显微镜、紫外荧光灯、比重天平等来进行鉴别,特点是准确性较稳定,但一般只能在实验室内进行;第四种是借助大型仪器来鉴别,即用电子探针、X 射线衍射仪、红外光谱仪、拉曼光谱仪、同位素测年等方法进行鉴别,特点是准确性很高,但测试费用也很高。大型仪器鉴别一般在专业实验室内进行,而不是普通的收藏者、爱好者所能采用的方法,而且这些设备对古玉器鉴别还不一定适用。因此,玉器鉴别是古老而又十分困难的课题。

一、当代玉器的鉴别

玉器鉴定专家傅大卣曾指出:鉴定玉器时要"远看形,近看玉"。这句话几乎说出了当代玉器鉴别的真谛,即当代玉器鉴定一要看玉器的造型、工艺质量,二要看玉器的玉材。造型和工艺主要与评价有关,但也涉及鉴别问题,因为好的造型和工艺质量往往出于名家或大师之手,而市场上一定程度上还存在仿冒名家作品的情况,因此要对名家仿品进行鉴别。但对当代玉器的鉴别而言,关键在于材料,只有将玉器的材料鉴别问题解决了,当代玉器的鉴别问题也基本上得到了解决。

1. 各类玉材的鉴别

中国玉器的材料多样,有属于玉范畴的和田玉和翡翠;有属于玉石范畴的绿松石、青金石、石英质玉、独山玉、岫玉、鸡血石、巴林石、青田石、孔雀石、菱锰矿、萤石、天河石、欧泊、硅孔雀石等;有属于彩石范畴的汉白玉、梅花玉、花岗石等;有属于有机玉器范畴的珍珠、煤精、珊瑚、琥珀、象牙、龟甲、砗磲等。还有随着科学技术进步而不断出现的人工玉料、优化处理玉料等。各种作假方法层出不穷,导致材料鉴别的难度越来越大。但只要基于玉石学理论和方法,并借助于当代先进的分析测试技术和方法,相关问题都可以得到解决。在本书第二章中,玉料鉴别相关问题已经有所涉及,可参考相关内容开展当代玉器的鉴别。若要做到准确无误,还需要接受专门训练,并参考其他专业书籍。

2. 名家作品的鉴别

在中国玉雕事业不断发展的过程中,一批又一批优秀的玉器制作人才不断涌现,他们在继承和发扬民族传统技艺的基础上大胆创新,融入新的美学元素和时代特色,其中有些因成绩突出被评为国家级大师,有些被评为省市级大师。他们的每一件原创玉雕作品,均需要花费大量的心血、时间、精力甚至金钱去创作,一般具有较高的艺术价值、文化价值,特别是经济价值。因此,市场就出现了仿冒大师作品的情况。鉴别大师作品成为当代玉器鉴别的重要内容。

大师作品真假的鉴别对于一般鉴藏者而言是较为困难的。首先要了解该大师,要对他的简历有所了解,有条件的话,可当面拜访大师,以便更深入地了解大师。作品如人,了解大师应该是鉴别该大师作品的基础。在此基础上,要深入地学习掌握该大师的选玉原则、琢玉技艺、作品特征等。大师都有严格的原则,但不同大师,原则各有不同,有的好玉、有的好玉石、有的好有机玉石,对于具体的玉材而言,有的好质,有的好色,有的好俏色。作品表达的主题和对审美的理解也不尽相同。因此,导致作品各有千秋。只有对选玉原则、工艺特征和作品特征有深入理解,才能鉴别该大师作品的真伪。

3. 手工雕玉器和机雕玉器的鉴别

随着科学技术的发展,玉器雕刻机械化程度不断提高,特别是与人工智能相结合,使得玉器机械制作的水平越来越高,有的甚至达到了以假乱真的地步。这也导致仿制成本空前的低,这样制作作品的成本自然也跟着降低,满足了一些低端市场的需求,导致原创保护越来越难。于是,手工雕玉器和机雕玉器的鉴别成为我们必须面对的课题。

对手工雕玉器和机雕玉器的正确鉴别需要了解相关理论知识,同时经过一定的实践,具备一定的经验才能做到。市面上见到的机雕玉器一般都是流行的大众题材,容易批量生产出来。而手工雕玉器一般都是精雕细琢,比较少见,针对有的作品,玉雕工匠还会进行创新,但这样的创新在机雕作品中是不可能见到的。手工雕玉器一般会在表面留有明显的刀痕,特别是在雕刻图案拐弯的地方。然而,机雕的玉器则是用机器削磨的,所以显得格外的光滑,没有刀痕。手工雕玉器往往是活灵活现、栩栩如生的,每一件作品都韵味十足,是真正的人文艺术品。而机雕玉器只是机器机械地雕刻,是流水线上的产品,细节部分是无法呈现出来的,显得死板而缺乏灵动感。市场上已经出现机雕加人手工修饰的玉器产品,使手工雕与机雕的鉴别变得更为复杂。

二、古代玉器的鉴别

古代玉器不仅数量巨大,而且时间跨度长,考证十分复杂,鉴别难度极大。困难主要在于,古玉器材料本身的形成年代虽能测定,但加工年代却难以测定,同样加工年代、同样玉材制成的玉器,有些表面风化厉害,有些却似新制。另外,又由于制作仿古玉器在中国有悠久的历史,仿古做旧的玉器大量充斥着市场,这就给古代玉器的鉴别带来更大的困难。

古代玉器鉴别涉及地质学、宝石学、工艺美术学、考古学、金石学、文献学、历史学、哲学、政治学等多方面的知识,主要要求具备两方面条件:一是要对古代玉器的相关知识有深入的了解,主要涉及不同时代玉器的品种、用料、器型、纹饰、加工工艺等方面的知识;二是要对仿制玉器制作历史及制作技术的知识有深入的了解。这里主要介绍古玉器的材料、加工工艺、纹饰、造型特征和用途等。

(1)材料。同当代玉器鉴别一样,古代玉器的鉴别也要高度重视不同时代的玉材特征。从现在实物以及考古发掘的情况看,不同的时代,对玉材的选择是有明显区别的,因此,玉器使用的玉材特征可以来帮助我们鉴别古玉器。例如新石器时代,中国已经广泛使用各种玉料,但玉材使用的区域性较强,兴隆洼文化、红山文化等玉器主要使用产于东北地区的岫玉、老岫玉和透闪石质玉;良渚文化玉器主要使用产于天目山一带的透闪石质玉;齐家文化玉器主要使用产于甘肃马衔山一带的透闪石质玉。又如商代玉材来源多,尤其是新疆和田玉的使用,使玉器进入以和田玉为主体的时期。又如明末清初,中国玉雕业开始使用翡翠,使我国玉器和玉文化发展迈入新高峰。

(2)加工工艺。对于玉石材料,无论是何种材质,无论品质高低,都要经过精心雕琢,才能成为一件精美的玉器。从现存的各个时代的玉器实物看,各个时代的玉器在加工工艺上有其不同的特征,并且呈现一定的承接关系。加工工艺的研究对古玉鉴定有重要的作用。加工工艺考究首先要掌握一点机械常识,如轴、轴套、转速、同轴度、跳动、偏摆、电动陀具、非电动陀机等。机械性能上的区别,必然会导致工艺方法、工艺特征不同。掌握了工艺方法的不同就掌握了古玉器断代的利器。战国以前的陀机、陀具大同小异,一般只能进行粗加工,细部都是手工刀具加工的,那时的手工工具,一刀只能划出一条白痕,一个局部就要千万刀,可见时间和人力投入之大。细如发丝的阴刻线,细看也是多刀完成,如此工艺自然精细工整。只有葬器较为粗糙,孔和边多未进行精加工。汉代器物陀痕和手工刀痕交织,工匠的手工工艺能力大幅度提高。唐代以后的器物以陀痕为主,可看出随着陀具技术的进步,而导致的器物表面痕迹的变化。崩茬、刀痕粗大是现在电动工具所为,无刀痕是现代抛光,菊皮状是化学抛光,钻孔内壁有明显刀痕是电动钻头所为,陀痕和电动工具痕迹的区别只能在实践中逐渐掌握。

(3)纹饰。纹饰以及残留的制作痕迹是最直观的鉴别依据。对于玉石材料,无论是何种材质,无论品质高低,都要经过精心雕琢,才能成为一件精美的玉器。为了表达古代的某种观念,或为了追求美感,古代玉器中往往装饰有纹饰,时代不同,纹饰也不相同,因此加工工艺及纹饰也成为古代玉器鉴定最直观最重要的依据。古人制作玉器时,纹饰的制作绝非仅仅为了追求好看,而绝大多数有其特殊的内在含义,越是久远的就越是如此。由于古代玉器制作年代久远,没有保留全套完整的加工器具给后人了解,文字记载的玉器加工的程序和方法也仅仅是明代中晚期以后,距今也就几百年而已,所以残存在玉器表面的任何痕迹都是研究古代玉器制作的最佳线索,因此,也就成为鉴定古玉的有力依据。如红山文化玉器的雕琢工艺十分讲究,特征鲜明。玉器表面很少有装饰纹样,个别如"C"形龙的额部有网状方格纹,猪龙的眼、耳、嘴部有线纹,勾云形器上镂空与打洼技法表现的"眉""眼""牙"等,经认真观察研究发现,这些纹饰应具有特殊的含义,制作这些纹饰则有一套成熟的程序与工具;玉鸮、玉蚕等打孔痕迹,玉箍的中空取料痕迹均是研究红山文化玉器的制作工具与技法的最好实证。

(4)造型特征和用途。由于时代不同,玉器的造型和用途不同,因此,玉器的造型和用途也是鉴定古代玉器的重要特征。例如红山文化玉器中的"C"形龙、猪龙、马蹄形箍、勾云形器、鸮、双龙首璜等特色鲜明,为其他史前时期考古学文化所不见。良渚文化中带有神徽的玉钺、玉琮、玉璧、玉璜等在其他文化中也不多见。虽然这些玉器的使用功能在学术界争论较大,但这些代表性玉器的原始宗教性与氏族首领的特权性是密不可分的。因此,鉴定这些文化玉器时,必须清楚在这一考古学文化中都有哪些类型玉器的存在,它们的变化,造型中的细枝末节,并从考古学报告中分析研究每一类器型的使用方法、使用的多寡以及它们材质的区别等,形成自己的一套鉴别方法。

(5) 包浆、手头和老玉新工。在古玉器鉴定长期的实践过程中,一些有实践经验和认知水平较高的鉴赏家,总结出包含许多经验且实用的方法,如所谓的"包浆""手头""老玉新工"等,就是这些方法的一些实用性代表。

包浆。包浆一词在清代文献中已存在,应指玉器表面的皮壳特点。形成的原因很多,主要为沁色和盘色。沁色是指玉器埋在地下,或在传世过程中,由于受周围环境的影响(包括埋藏环境、保存条件等),在玉器表面形成的一层颜色变化,多见白色、铁锈色、暗黄色、黑色、绿色,其中白色多称为水沁,铁锈色有人称之为铁锈沁、有人称之为血沁,暗黄色称为土沁。沁色形成的原因很复杂,大体沿玉器染色与风化过程形成,又因玉器埋藏的时代不同、地区不同而不同。汉代以前玉器沁色较重,南方出土玉器称为湿土出土玉器,水沁较重。北方燥土出土玉器,或无沁、或水沁、或铁锈沁、或土沁,沁色一般都较少,少量玉器为较重的白色或褐色沁。

手头。一般指玉器拿在手中的重量感和手感。重量感是指与玻璃和塑料等仿古玉器材料相比,玉料的密度较大,即手头较重。许多仿古玉器大多在器形、纹饰、颜色、亮度等各方面都可以惟妙惟肖,但拿在手里一掂,却轻飘飘的。手感是指玉对温度变化的性质,常见玉料绝大部分是晶质集合体,有较好的传热性,所以手摸玉器,会有冰凉感。但有些仿品系用玻璃或塑料制成,用手摸,冰凉感很快消失。

老玉新工。是指现代人将古代出土玉器或遗留下来的老玉料、古玉残件等重新加工改制而成的玉器。当造型、纹饰、工艺特点都符合古玉器时代特征时,还要判断玉器上是否有现代加工的痕迹,若有,则该玉器为老玉新工。

此外,我们应该积极利用各种科学的方法,来判断玉器的材料、产地及琢玉工艺。自从引进扫描电子显微镜照相、中红外光谱测定、近红外光谱测定等大型仪器鉴定方法后,如何判断玉材的显微结构和矿物组成的问题得到了初步解决。新疆和田、青海昆仑山、辽宁岫岩、河南南阳、台东花莲等著名产玉区和田玉矿物组成的测定,为出土古代玉器材料产地的确定提供了可靠的对比资料;模拟实验和微痕研究,则解决了长期以来有关线切割和砣切割、手刻及砣刻的争论。总之,对古代玉器的鉴定,包括理论与实践两个方面,经过较长时间的实践摸索,找出其历史发展的规律,进而总结出一套切合实际的方法,并在实践中不断总结,不被固有的信条束缚,才能有所突破,有所建树。

第二节 评 价

俗话说:"黄金有价玉无价。"对纷繁多样的玉器进行科学、准确的评价是一项很难的工作。第一,玉器是用不同的材料制成,材料的品种不同,价格相差巨大,即使是同一品种的材料,质量的差别直接影响玉器的价值。如同样颜色、透明度和大小的翡翠和玉髓相比,价值可能相差数万倍。即使同样是翡翠手镯,最好和最差的价值也可会相差数万倍。第二,玉器制作是一种艺术创作,制作者的艺术修养、创意和制作水平的差别,会导致作品价值存在较大差异。如同样由和田玉制作的玉器,玉雕大师的作品和初学者制作的作品相比,价值会存在巨大的差异。第三,对于古董玉器,除了材料和制作水平外,历史、文化和艺术等因素对玉器的价值会有重大的影响,这些因素在评价时均是十分难以准确把握的。如同样是一个和田玉玉玺(印),乾隆皇帝用的和其他皇帝用的价值就将存在巨大差异。本章提供一些思路,供玉器爱好者参考。

一、当代玉器评价

对当代玉器的评价可从玉料质量、加工工艺、市场价值等方面进行评价。

1. 玉料质量评价

中国人辨玉讲究玉质,《说文解字》中就有"首德次符"之说,即先质而后色。现在讲的玉质应包括两方面的意思,其一是指玉料的种类;其二是指同种玉料的质量。

(1)玉料种类。玉料种类很多,相互间价值相差巨大。例如,优质的翡翠价格可与钻石相当,而外观几乎相同的玛瑙,最贵也不过优质翡翠的万分之一或更少。因此,玉料是决定玉器价值最重要的因素之一。评价一件玉器,首先应从材料品种开始。在常见的玉器材料中,价值最高的品种有和田玉、翡翠和欧泊,优质者价格按克甚至克拉计,它们可归于最高档次。有机材料中的红珊瑚、珍珠、琥珀等,最优质者也可归入这一范畴。第二档次主要为常见玉石中的大多数品种,如岫玉、独山玉、绿松石、青金石、鸡血石、寿山石等。属于彩石范畴的汉白玉、阿富汗玉等档次较低。

(2)玉料质量。无论是用何种玉料制作成的玉器,都以颜色美丽、质地细腻均匀、透明度适中、净度高、体积大者为优。具体可参考第二章对应材料的质量评价内容。

2. 工艺质量评价

对玉器工艺质量的评价可从琢磨、抛光、造型、纹饰、题材、艺术价值等方面进行。

(1)琢磨和抛光。好的琢磨工艺应该做到规矩,有力度,轮廓清晰,细节突出。规矩就是要体现出玉器的造型美;有力度则是指玉器在线条上要表现得棱角分明、流畅得体;轮廓清楚和细节突出,是要求玉器在整体造型的基础上,鲜明突出玉器的细节，以求达到玉器整体的完美。

抛光的优劣也将直接影响玉器艺术效果的好坏，评价玉器的抛光，要看其是否明亮、圆润、清晰。明亮是指对光照能产生充分的规律反射；圆润是指亮度要温润；清晰是指抛光后不会影响玉器本身各细节的表现程度。一般而言，手工抛光的质量优于机械抛光，经验丰富的抛光师的抛光优于初学者的抛光。

(2) 造型与纹饰。造型与纹饰相结合即为玉器的表达形式。好的表现形式要求玉器造型与纹饰的多样性与统一性恰到好处，使玉器造型与纹饰在变化中求得统一，在统一中赋予变化，造型、纹饰的变化与统一完美结合；要求玉器造型、纹饰的对称与平衡上有所调剂，有所节制，求得最佳关系，给人以美的享受；要求注意玉器造型、纹饰的稳妥与比例，只有做到这一点，玉器才能产生美感；要求玉器造型及纹饰的反复与节奏适当，只有这样，才能使玉器轮廓的高低起伏、空间展布、线条曲直达到理想状态。此外，还要评价玉器造型、纹饰的对比与调和、空间与层次，这些与玉器美丑都存在极大关系。

(3) 题材与艺术价值。玉器的题材很多，有人物、器具、兽类、花鸟鱼虫、山子等，不同的题材对玉料要求、对制作人员的特长要求均是有所不同的，只有题材与材料相适应、题材与制作人员的特长相结合，才是最好的玉器作品。

中国玉器不仅具有美丽、稀少、耐久、无害等特征，以及佩饰、保健等功能，而且还和我国的民族文化有着千丝万缕的联系，它影响了世世代代中华民族的思想观念和习惯。作为艺术品，对艺术的追求是其最主要的目标。对玉器艺术价值的评价主要反映在不同时代玉器在艺术风格、艺术韵味及艺术创新方面的表现。现代玉器艺术品在继承传统玉文化和传统玉器艺术的同时，要努力开拓创新，要更多地关注现实生活，反映社会发展面貌，揭示人性美和自然美，表达人类对于幸福、自由的渴望和追求，以及对罪恶渊源的揭露与批判。

(4) 市场价值。玉器作为一种商品，在评价时还需要特别考虑其市场因素，包括成本因素、市场竞争因素和市场需求因素等。成本因素包括原料成本、设计加工费用、税收、工人工资、管理费用、经营成本和利润等。只要熟悉市场，对这些成本作出合理评价是不难的。市场竞争因素要重点对玉石资源的勘探开发，玉石的质量、产量，以及信息化市场供求情况和今后可能的变化趋势有所了解，当然还要考虑销售季节、销售环节、市场特征等因素。市场需求因素主要考虑消费者的购买能力、购买心理、购买习惯等。

当然，在评价一件玉器时，除考虑上述因素外，还要考虑玉器的稀有程度、实用性、观赏性、社会性、历史性和文化性等因素，只有在全面了解这些因素之后，才能更准确地把握玉器的价值。

二、古代玉器评价

和现代玉器相比,评价古代玉器更难,除了考虑现代玉器的各种因素外,还需考虑所评价古玉器的历史价值、文化价值、艺术价值等。

1. 古玉器珍贵的原因

古代玉器珍贵,人尽皆知。但为何如此珍贵?除少数人理解外,社会上大多数人对此会感到茫然。怀疑者可能有,误解者可能也有。怀疑者认为,古玉可贵,贵在历朝历代有钱阶层之傲行,或系名人之育动,借此为高,故为风雅。误解者认为古玩之所以珍贵,在于年代久远,凡古物皆可贵,而且越古越可贵。上述认识有其合理之处,但客观来讲,古玉器之所珍贵具有如下主要原因。

(1)古玉器自身。说古玉的价值在于自身,即古玉本身一般是用当时的珍贵玉料制成,符合美、稀有、耐久等特征,而且古玉器一般为历史上的王公贵族拥有,所用玉料大多玉质较好,因而具有较高的价值。

(2)古玉是重要的文物。发掘和研究古玉,可帮助再现和复原古老的中华文明,有时几件古玉器的发现,就可能会改写一段历史。

(3)精神追求。当人类解决了吃、穿、住、行等问题后,最重要、最高的追求便是精神生活。收藏和鉴赏古玉,从中探求古玉所代表的历史和文化,所表现的艺术价值,科学知识,并可用来装饰自己的生活环境,得到美的享受。

凝聚着中华民族文化精髓的古代玉器从来都是西方各类人士寻求的猎物,中国古玉在国外价格很高,而且会越来越高。但古玉器的评价十分困难,除历史久远,所代表的历史、文化价值,造型及工艺水平,自身的玉料质量等因素外,其他相关因素众多,这些因素随时会引起古玉价格的变动。

2. 古玉器评价要素

古玉器评价要比现代玉器更复杂一些,具体参考如下评价要素。

(1)年代。年代越久远的古玉,一般而言,价值也就越高。

(2)历史地位。古玉器在历史上与政治、文化、道德、宗教等有着密切的关系,因此历史地位越高的古玉器价值越高。

(3)是否是出土遗物。出土遗物由于其真假、年代、用途、历史地位、文化内涵都较清楚,因此,一般比传世玉器价值要高。

(4)品种及其所存数量。品种主要是指器物所属的种类,属历史帝王用的玉器品种比民间使用的玉器品种价值要高;所存数量越少,价值越高。

(5)艺术水平。一般而言,艺术水平越高,价值越高。

(6)玉材质地。玉材质地越好,价值越高。

(7)器物完好性。器物越完整,价值越高。

(8) 大小或重量。在其他价值因素相同或相近的情况下，玉器越大或越重，价值越高。

第三节 收 藏

随着人民生活水平的改善与提高，以前只有帝王将相和王公贵族才能拥有的玉器正在逐步走向普通大众，成为一些人特别是小康阶层人士的消费对象，也带来了玉器市场的繁荣。玉器不同于一般的消费品，它除有一般商品的特点外，由于其特有的稀缺性、不可替代性、艺术观赏性、良好的可保存性和保值增值性，已成为收藏投资的热点。

同玉器本身一样，玉器的收藏也具有悠久的历史，今天还能看到的许多精美绝伦的玉器以及它们所承载的历史、文化和艺术内涵，都要归功于收藏。但由于玉器的特殊性，收藏玉器必须具有一定的专业知识，有时还需要付出比较高的成本。玉器市场是一个信息不对称市场，表现为一方拥有较多或完整的信息，另一方只有较少或没有信息，如商家总是比消费者更了解所出售的玉器在真假、成本和质量等方面的信息，而消费者只能靠知识和经验推测。其结果则很容易导致消费者在交易上失误，或者产生信息优势方做出不利于信息弱势方的行为的情况。同时，玉器的价格不仅存在时间上、地域上的差异，即使是在同一个市场，从不同商家中卖出去的玉器，其价格差异较大，甚至同一个商家在不同时间卖给消费者的价格，也可能是大不一样，这是因为不同商家不同时间的进货价格和预期利润是不同的。除此之外，消费者的穿着打扮、言谈举止、专业知识等因素，都会对玉器成交价产生重大而微妙的影响。一般来说，由熟悉市场行情的专业人士陪同购买玉器，可能是一个比较保险的办法。

一、玉器收藏方略

玉器收藏第一必须做到对被收藏玉器的真假作出正确判断，这是保证收藏成功进行的前提；第二是要正确把握被收藏玉器的质量，主要包括玉器材料的品质和雕刻工艺两个方面，这是决定被收藏玉器价值的核心；第三是收藏者必须具备良好的素质和条件，这是决定收藏成功的关键；第四是学会收藏技艺，这是收藏成功的重要保证。前面两个方略可参考前面相关章节去理解，以下主要对第三、四作简要阐述。

1. 收藏者的素质和条件

收藏玉器，如果仅仅是个人喜好，偶尔为之，谨慎小心即可，但希望从收藏入手,向投资发展,或收藏与投资兼顾,甚至是主要为了投资,则必须注意自身的素质和条件,如扎实的专业知识,丰富的经验,良好的文化修养和道德品德,优良的心理素质,充裕的财力和时间等。否则会事与愿违,多数情况下达不到自己预期的目标。

(1)扎实的专业知识和经验。"货真"是玉器收藏的前提,如果花钱买的都是假货,收藏投资要取得成功是不可能的。在玉器真假的问题上,存在许多较为专业的问题。自然界外观相似的材料很多,市场上用廉价材料仿冒价值更高玉材的情况历来有之。即使是同一种玉料,如和田玉,也存在不同产出环境和不同产地的问题。古代玉器的材料来源更是至今为止还没有解决的问题。面对这些问题,必须具备扎实的专业知识和丰富的实践经验,否则,收藏玉器将冒极大风险。

(2)良好的品行和心理素质。古人说:"君子比德于玉。"君子有德,玉也有德。玉器的收藏更应该有好的德行,以玉的德行规范自己的意识和行为。玉器市场鱼目混珠,无德者众,这与玉的德行是背道而驰的。在这种背景下,收藏者不管多么专业、市场经验如何丰富,都难免有受骗上当或看走眼的时候。一个有德行的收藏者绝不应该让自己看走眼的产品再流入市场,这是玉德的体现。收藏者固然可通过自己的专业眼光和经营头脑获利,但一定不要唯利是图,要提倡以德取利。要记住,玉器交易的地域范围可能很大,但圈子却很小,只有坚持诚信第一,以德待人,才会在业内树立信誉。德性好则朋友多,朋友多则声誉好,声誉好则客人多,客人多则生意好,这是好德行可能带来的良性循环。

(3)良好的心态对玉器收藏也特别重要。有些收藏者急于求成,天天盼望能以最低的价格,收藏到物美价廉的玉器精品,但等待他们的往往是骗局。在不慎买到假冒伪劣的玉器之后,有的收藏者还固执己见,认为自己买到的玉器超值。在玉器收藏中,有一个术语叫作"吃药",意为花钱买个教训。但如果持这样的心态,则是"吃药"也治不好的魔怔。有不少收藏者,收藏玉器是为了等到升值后转手。还得要提醒这样的收藏者,玉器适合长期持有,可作为一个长线投资。如果期盼通过炒作或者其他途径从中渔利,是难以达到目的的,带有贪念的收藏投资者可能会折戟沉沙。

玉器收藏先应始于兴趣,同时应抱有平常心,同时在收藏中多向人请教,多看少买,不断学习、实践、再学习、再实践……最后达到具有"悟性"的状态。此外,在购买的时候要选择信赖的商家,选择适合自己价位的玉器。

(4)良好的文化修养。收藏玉器,收藏的不是形而下的玉和器,而是形而上的历史与文化。中华传统玉文化是中华文化重要的组成部分,它是在我国悠久的治玉文明历史进程中不断积累、不断被赋予新内涵而逐渐形成的。玉器之所以有市场,很大程度上是因为具有近万年的传统文化积淀。深入了解玉器背后所蕴含的深厚中华玉文化和历史,是收藏玉器的基本要求,这与股票投资有很大的不同。中华玉文化源远流长,玉器的特质代表了君子的高尚品德,投资者必须走进玉器的文化世界,拥有不凡的鉴赏品位和恬静的心境,如此才能与真正的好玉器结缘,在岁月的积淀中通过玉器的升值而积累财富。那种有通过短线炒玉器赚大钱的想法和理念的人,即使偶尔撞上大运,也终究不能成为真正的玉器收藏家。

(5)一定的财力支撑。财力是玉器收藏的基本条件,特别是希望能将玉器收藏上升到一定档次的人,雄厚的财力更是必不可少。当然,如果只想随行就市收藏点低档产品,就不需大量资金了。收藏低档品一般不可能得到好收获,包括物质上的收获和精神上的收获,当然,更不可能在玉器收藏上做出特色和取得成就。如果希望在玉器收藏方面做出规模、做出品位、做出档次、做出特色,就必须有大量资金投入以及资金储备,以便及时调用。一件高档玉器动辄几十万元,甚至几百万元、上千万元,能收藏到这样一件玉器十分不容易,但希望在短时间内找到能转让出去的客户可能更难。这样,就势必会造成货品积压,这就要求收藏者更要有足够的资金储备才行。

事实上,高档玉器可遇不可求,有时按照自己的心理预期去寻找一件理想的玉器,但总是事与愿违,偶尔碰到自己心仪的作品,却又没有那么多资金购入;而当有客户需要某类产品,我们刻意去寻的时候又找不到。因此,只有具备一定的周转资金,才能在日常大胆收藏随机遇到的作品,只有具备必要的储备,才可能在收藏的"藏"与"转"中得心应手,游刃有余。另外,只有财力雄厚,资金充足,收藏时才可能做到有一定的量,一般批量收藏,会有更大的成本优势。

2. 收藏技巧

玉器有低端与高端之分,玉器市场也有初级市场和高级市场之分。初入行的收藏者一般应从高端看起,从低端做起。玉器高端产品一般在高级市场,其产品一般精品较多,只有从高端看起,才能不断学习掌握玉器质量评价的标准,积累经验,收藏才有目标和方向。而高级市场中的产品虽然明码标价,却一般价值较高,不是一般玉器收藏初入行者可承受的。玉器低端市场,产品较杂,良莠不齐,一般产品质量较低,但也不乏质量中上等的产品。因此,一般初入行者都选择从低端市场做起,以不断积累知识和经验。低端市场的玉器产品既不会明码标价,又无统一价格,多数玉商对内行人士较为客气,对不懂玉的外行人则漫天要价,让许多初入行不知就里者多掏冤枉钱,因此,玉器收藏者除了自身要具备良好的素质和条件外,还必须掌握一定的技巧。

(1)学会讨价还价。在玉器市场、珠宝店、玉器交易场所,卖家的报价往往都有程度不同的水分,有的甚至水分较大。如旅游品市场,报价可高达玉器本身价值的数十倍甚至更高,还价高了就会吃大亏,有人戏称"对半带拐弯"还价,即如果卖家开价10万元,还价到3万~4万元即可。但不同市场有较大区别,有些开价高出数十倍甚至数百倍,如这样还价会吃大亏。而在玉器产地的批发市场,如新疆乌鲁木齐的众多玉器市场、辽宁岫岩县的玉器市场、苏州玉器市场、河南镇平玉器市场等,价格水分一般没有这样大,若按此还价,别人肯定认为你外行,根本就不理睬你了。因此,收藏者要提前研究每个市场的特点,或向同行专家讨教,做到心中有数,再有的放矢,但要注意市场是千变万化的,不能机械套用。

(2)沉稳应对,精心策划。俗语有"心急吃不到热豆腐",这句话建议玉器收藏初入行者要牢记。到了一个玉器市场,不应急于下手,而应该先深入地做一个市场研究。根据一些行内人士的经验,他们到一个市场选购玉器,先要用几天时间了解市场,要到每个店铺或摊位去问问,和老板交朋友,从中了解该市场玉器的价格涨势情况,同时,对看中的玉器进行摸底,做到心里有数后才下手。

针对相中的目标,一般不要针对目标问价,可以先问其他产品价格,使卖家误认为你对要买的产品不感兴趣,然后突然顺口问到目标产品的价格,使玉器商猝不及防,仓促开价,这样你就有可能以较低价格买到理想的产品。

在玉器市场,经销商也有新入行的,他们自己对玉器产品的定价还无经验。定价一般从成本出发,即成本较低,定价也较低,这可能造成产品价格与玉器市场的真正价格间存在偏差。若你遇到这种情况,则机不可失,时不再来,要努力把握住机会。

(3)正确对待鉴定证书。为保障消费者权益,各地政府主管部门常要求玉器经销商要向消费者提供玉器鉴定证书。这的确在一定程度上使消费者的权益得到保障,但也要正确对待。第一,有些证书不一定是权威部门所出,这样的证书价值不大;第二,一些检测机构不按章办事,把关不严,玉商出钱就给证书;第三,对于玉器产地鉴别、古玉鉴定以及一些借助现代科技作伪产品的鉴别,相当多的检测机构还无此能力,因此,其证书的价值就将大打折扣。

(4)尽量避免在旅游景点选购价格高的玉器。长期的实践经验证明,在旅游景点或流动摊点购买玉器较容易受骗上当,而且维权困难。一些旅游景点的商店大都与导游存在利益关系,甚至有些商店,只要带来一个游客就给多少回扣。要知道羊毛出在羊身上,若购买了,其风险是可想而知的。在中国边境或境外的旅游景点,一些不良导游还与商店相互勾结,导游事先告知玉商游客籍贯,老板便会以同乡忽悠客人,使客人因为乡情所惑,在不知不觉间上当受骗。

(5)索要正规发票。一般在产地的玉器市场选购玉器是没有发票的,这些地方购买玉器全靠收藏者自己的眼力和本事。但在产地之外的地方,正规的珠宝店必须在国家工商机关注册,应该有正规发票。因此,在正规的珠宝店选购玉器,应该要求商家出具税务部门印制的标准发票,以备不时之需,即当发现玉器存在问题时,可以凭发票向商家讨个说法。

二、收藏误区和投资前景

随着艺术品收藏市场的不断升温,玉器受到广大收藏者的青睐,各种玉器作品,都成为人们争相购买的宠儿。但市场上也出现了许多问题,更有一些假专家、行骗者,信口雌黄,编造故事,使玉器收藏者步入误区,深受其害。

1. 收藏误区

目前,高品质的玉材产量越来越少,而崇玉、爱玉者的队伍却不断扩大,民间玉器的收藏、投资也越来越热,但是许多人却陷入了收藏的误区。主要有以下收藏误区。

(1)收藏过于强调产地。特别对于和田玉器,收藏者过于强调新疆和田玉。实际上,和田玉产地众多,国内有新疆、青海、辽宁、江苏、贵州、四川等地,国外有俄罗斯、韩国、加拿大、澳大利亚等。有些收藏者非新疆产的和田玉不收,这应该算是误区。第一,按国家标准《珠宝玉石 名称》(GB/T 16552—2017),和田玉是玉石名称,不具有产地意义。现在的和田玉并不专指新疆产的和田玉,而是全世界各地产的和田玉。第二,新疆和田玉是和田玉子料中的优质者,油润凝重、含蓄而温文素雅、光而不贼亮、润而不水透、白而不过分,但就单个玉的品质而言,其他产地当中也有比新疆和田玉品质更为上乘的和田玉,何况其他产地还有新疆没有的和田玉类型,如青海和田玉中带翠绿的品种,就很有特色;青海的青玉在制作薄坯作品时,就比新疆和田玉有优势;俄罗斯的碧玉也比新疆碧玉质量好。第三,就新疆和田玉而言,产地也很多,不同产地,不同矿床,或不同矿床的不同矿段,和田玉的质量差异也很大。和田地区与且末地区的和田玉有很大不同,若羌地区和田玉也有自己明显的特色,等等。第四,对喜欢收藏和田玉古玉的人来说,辽宁和田玉的开发与应用可能比新疆和田玉更为久远,三皇五帝时期的辽宁和田玉作品其地位可能还要高于新疆和田玉。若只收藏新疆和田玉,就自动排斥了对兴隆洼文化、红山文化等和田玉器的收藏。

所以,收藏玉器的关键是看其质量和特色,而不要过重看其产地,所谓"英雄不问出处",只要质量好,世界各地产的玉都有收藏价值。

(2)重色不重质。许多玉器收藏者把颜色看成评价玉器最重要的标准。很多翡翠收藏者追求的目标是翠绿色,和田玉收藏者追求的目标是羊脂白,他们认为,收藏翡翠越绿越好,收藏和田玉则越白越好。但是不是"一白遮百丑"?行业人士普遍认为,这是一个收藏误区。以翡翠为例,翡翠行中流行的一句话"外行好色,内行好种"就是证明。实际上,种才是翡翠的灵魂,是大自然赋予它的精髓所在,没有灵魂的翡翠就会变成普通的石头。种是指翡翠的细腻度、致密度、通透度和硬度等质地要素的综合反映,也就是说,翡翠玉石越细腻、致密、通透和坚硬,其种就越好,反之种就越差。从宝石学特性来讲,翡翠的种是其质地好坏的决定性要素。坚硬耐久、晶莹剔透、光泽灿烂,正是翡翠质地好的直接体现,种越好,翡翠的质地越纯净,肉质越细腻,通透性和光泽度越好,密度、硬度和耐磨度越高。

(3)重古不重今。古代玉器,特别是虞夏商周玉器,因为具有历史价值、文化价值、研究价值,所以一直受人们的追捧,和田玉收藏者对此梦寐以求无可厚非。但毕竟古代玉器的量非常少,而且许多是文物,私自买卖将触犯国家法律。而且,由于古代科技落后,交通不便,玉材开采困难,导致许多玉器在制作过程中因为惜料不敢取舍,所以常带裂绺、带瑕疵等,就材施艺影响了造型美观。而当今玉材的开采无论是产量,还是玉石质量都远远超过历史上任何一个时期,从原料来看,当今远胜过去。从雕琢技艺上看,当今的设计理念、加工设备、雕琢技术等远远超过前人,目前国家收藏的现代国宝玉器无论是从原料使用、艺术设计方面,还是从雕琢工艺方面,哪一件都是前人无法达到的。每年"天工奖""玉龙奖"等获奖作品每一件都可以与前人的作品比美,件件都是精品、珍品,当代玉器精品无论是艺术性、工艺性,还是原料的质量,都具备收藏、鉴赏、增值、保值的功能,也代表了中国玉器发展史的最高水平。

(4)重料不重工。"玉不琢,不成器",这是一句人人皆知的名言,玉器虽然很珍贵,多数情况下,只有"成器"后才能体现出真正的价值。也就是说玉器在玉材原有价值上增加了艺术附加值。目前,有些玉器收藏者在选购藏品中一味追求原料的品质,而忽视雕刻技艺优劣。作为一件收藏品,它必须具备一定的可收藏性,深厚的文化内涵、高超的艺术表现、精湛的雕琢技艺,这些都是收藏性中不可缺少的部分。收藏当代玉器,首先要分清什么是商品,什么是作品,二者有着根本上的区别。商品是可以重复生产的大众消费品,没有艺术灵魂,充其量也只能是工匠技艺的表现。一件好玉器作品,它体现了制作者的文化学识、艺术修养、雕琢功力,使人们在品位、鉴赏、把玩中得到享受,特别是玉雕大师们的杰作及获奖的名家名作,每件都是珍品、精品,具有很高的艺术价值。随着时间的推移,它们会变得越来越珍贵。

(5)贪图小便宜。许多玉器收藏者存在"捡漏"心理,以为自己用很便宜的价格买了一件很好的东西而窃喜,"须知便宜无好货"。一般来讲,行业中只有买错的,没有卖错的。因此面对价格离谱的藏品,应该慎之又慎。切勿贪图小便宜而上当受骗。

(6)轻视特殊玉材。千百年来,玉料都是用来雕刻的,成器后供祭祀、品赏、使用,但一块有画面或造型的玉料配上底座,或直接穿上绳,佩戴于身,能给人带来更大的精神愉悦。在返璞归真、崇尚原生态美的精神追求时代,具有特殊造型和图案的玉料已经引起收藏者的高度重视。其实行内一直有"好玉不雕""原石收藏""好玉不动刀""赏玉为主,赏雕为辅"等主张。实际上我国相似的观点自古有之,如西汉大儒董仲舒从"形而上者谓之道,形而下者谓之器"观点出发主张"良玉不琢"。先贤庄子从道法自然的观点出发,认为"圭璋毁了白玉",也是同样的意思。良玉本身就是极为珍稀的贵重之物,不必急于诉诸斧凿,不必雕琢也可成器。古人认为良玉本身就是神物,也有着神护灵佑的功效,能使持有者避邪除,疗冤疾,知祸福。质量上乘的玉料本身具有较高的价值。另外,好玉配好工,若找不到好的玉雕师,或许会将原石破坏,给收藏者带来巨大损失。在目前的玉器市场上,玉料价格在很多情况下要高于成品价格。因为制作成成品后,就难以再创作了,玉器作品的价值是基本固定了,而原石有较大的想象空间,或许可设计制作成稀世之宝。

2. 收藏投资前景

美国1999年出版的《投资与市场展望》杂志,就今后全球投资的趋势曾经专门做了一次专业的市场调研,并依次列出了几大热门投资项目,分别是古玩字画、珠宝玉器、邮票、房地产、期货和股票。在上述排序中,珠宝玉器排在了第二位。玉器展现了良好的收藏投资前景。

(1)玉器的独特优势。在各类收藏投资商品中,玉器具有独特的优势。其一,玉器集品、玩、值于一身,便于收藏,能保值,对保养也没特别的要求。易携带,有些适合佩戴,能展现个人身份和品位。其二,玉器具有丰富的历史、文化和艺术积淀,是其他收藏品难以比拟的。其三,玉器受经济收入和投资条件的限制比较小。高、中、低档均可,数量可多可少,价格可高可低。其四,相对于黄金和钻石,玉器更有其独特优势,黄金等贵金属只是具有保值功能,世界近三十年来黄金的价格增幅率也只是与各国货币通货膨胀率相等。虽然钻石具有增值能力,但中国的钻石矿和产量比较稀少,大量钻石需要进口,而且钻石饰品在外观、装饰效果和艺术品位上却远不如玉器的文化内涵丰富。

(2)中国经济发展,为玉器收藏创造了良好条件。近几十年来,得益于国民经济的飞速发展和居民可支配收入的提高,我国珠宝首饰行业呈现高速发展的态势。经过二十多年的快速发展,我国的珠宝行业已呈现一系列标志性的特征。一是中国已成为世界珠宝销售额最大的国家之一。珠宝玉石已成为继房地产、汽车之后百姓的第三大消费热点。二是中国是世界上最大的玉石加工及消费国。三是中国的淡水珍珠产量年约1500t,占世界总产量的95%。四是中国的铂金消费多年居世界第一。五是中国的黄金年消费量2009年超500t,已取代了印度成为世界第一。六是中国钻石销量2009年超日本,位居第二,仅次于美国。七是中国人工宝石的产量居世界第一。

国际发展经验表明,当一个国家人均GDP达到3000美元时,居民的消费支出将由以衣食为主的生存型、温饱型,向享受型、发展型快速转变。2020年,我国人均GDP超过10000美元,标志着我国已正式迈入消费结构快速调整时期。由于我国未来国民经济将继续保持高速发展,居民收入将稳步提高,消费结构将不断多元化,种种有利因素都将提高人们对珠宝玉石的购买欲望和能力。因此,玉器收藏将在经济高速发展的宏观环境孕育下,长久保持飞速发展的态势。

(3)目前中国玉器收藏已形成一定规模,并且随着收藏者的日渐增多,新闻媒体对艺术品知识宣传的加强,收藏爱好者对玉器认识渠道的不断拓宽,这些都为玉器收藏的知识普及和实践提供了良好的基础。

随着经济的发展,社会的进步,玉器除继承传统文化的一面外,商业性的一面也日益突出。玉器已经从帝王将相的专属品走入了寻常百姓家,了解玉、喜欢玉、消费玉的人群不断扩大。另外,高档玉器由于其稀缺性,价格趋势将不断走高,在通货膨胀加剧的背景下,其保值增值的功能会吸引有实力的机构和个人不断参与其中。此外,许多珠宝行业外的企业对玉器的关注度也空前高涨,他们通过各种渠道收购和储存玉料和作品。一方面可能是从投资多元化考量,另一方面是对玉器收藏前景看好。

三、收藏品的养护

学会玉器收藏,还必须学会对收藏玉器进行养护。这里的养护包括两层意思,一是"养",二是"护"。只有对收藏品不断进行养护,藏品才能"永葆青春",收藏者才能最大限度享受收藏的乐趣。

1. 养玉

养玉是玉器收藏者最大的乐趣之一,养玉也叫盘玉。所谓盘玉,是民间流传的一种赏玩玉的方法,通过盘玉,可以使色泽晦暗的玉器整旧如新,并使玉的颜色发生很大变化,历代的玉器大收藏家都懂得盘玉,这是一种"功",就像茶道一样,是对某种事物的欣赏和研究,达到了一种境界,并形成了一定的程式化。

(1)养玉的益处。玉是一种有灵性的物质,不仅作为首饰、摆饰、装饰、把玩、鉴赏、收藏、研究等之用,玉还有养生健体之效,自古以来就有"人养玉三年,玉养人一生"的说法。人养玉三年,这里的三是多的意思。人养玉就是对玉的发现,对玉的欣赏,对玉的加工,对玉的保养,对玉的收藏等。一切看似简单,但也非人人能做到。要想做到人养玉,首先就需要有一颗发现美之心,万事万物的关爱之心。因为没有善于发现美的心,玉就永远只是一块冷冰冰的石头。一旦拥有了玉,就要真心去了解玉,关爱玉,研究玉,呵护玉,只有这样,才能让玉更显温润和美好。收藏者将玉贴身而藏,精心呵护,经过天长日久的盘玩佩戴,就像是蝴蝶经过蛹的挣扎,玉逐渐蜕去了粗躁的土壳,恢复了本有的灵性、润泽和色彩。灿烂光华绽放在掌心,那种成就感也是其他事物所无法取代的。

在中华玉文化中,玉养人一生的内涵是极其丰富的。首先体现其悠久的历史和丰富的文化内涵上,中国玉器的历史近一万年,玉文化是中华传统文化的重要内容,是中国文化区别于西方文化的重要体现。近万年来,玉在中国人心中一直享有很高的地位,最早的玉器被用作与神交流的媒介,它被称为"神器",后来玉成为祭祀的"礼器",再后来,它成为帝国皇权象征。玉一直是高雅的,代表最高的精神文化。玉养人实际上是养心,人的心态可以决定许多方面。儒学在玉文化中有着深刻的体现,孔子的十一德和许慎的五德都可说明。"仁,义,智,勇,洁""君子无故,玉不去身","君子比德于玉"等,玉让我们一生受益。我们每天都接触玉,把玩玉,就会每天感受到玉的影响力,并始终利用玉来激励自己。随着时间的流逝,我们的心会变得像美丽的玉一样,温暖而厚重,沉稳而内敛,不张扬,不造作。

(2)盘玉方法。盘玉主要针对古玉,但新玉经过盘养,也会推动玉质量的变化。对古玉而言,盘玉非常讲究,一旦盘法不当,一块美玉就会毁在自己的手上,所以收藏家们盘玉时要格外的小心谨慎。清代大收藏家刘大同在其著述《古玉辨》中明确提出了文盘、武盘、意盘的概念,被以后的收藏家们奉为圭皋,方法如下。

其一,文盘。将一件玉器放在一个小布袋里面,贴身而藏,用人体较为恒定的温度维持一年,一年以后再在手上摩挲盘玩,直到玉器恢复到本来面目。文盘耗时费力,往往三五年都不能奏效,若古玉入土时间太长,盘玩时间往往十来年,甚至数十年。南京博物院藏一件清代出土的玉器,被盘玩得包浆锃亮,润泽无比,专家估计这一件玉器已经被盘玩了一个甲子(六十年)以上。

其二,武盘。所谓武盘,就是通过人为的力量,不断地盘玩,以期尽快达到玩熟的目的,这种盘法玉器商人采用较多。玉器经过一年的佩戴以后,硬度逐渐恢复,就用旧白布(切忌有颜色的布)包裹后,雇请专人日夜不断地摩擦它,玉器摩擦升温,越擦越热,过了一段时期,就换上新白布,仍不断摩擦,玉器摩擦受热的高温可以将玉器中的灰土快速的逼出来,色沁不断凝结,玉的颜色也越来越鲜亮,大约一年就可以恢复玉器的原状。但武盘稍有不慎,玉器就可能毁于一旦。

其三,意盘。意盘是指玉器收藏家将玉器持于手上,一边盘玩,一边想着玉的美德,不断地从玉的"美德"中吸取精华,养自身之气质,久而久之,可以达到玉人合一的高尚境界,玉器得到了养护,盘玉人的精神也得到了升华。意盘是一种极高境界,需要面壁的精神,与其说是人盘玉,不如说是玉盘人,人玉合一,精神通灵,也极少有古人能够达到这样的精神境界,遑论浮躁的现代人了。

意盘精神境界要求太高,武盘须请人日夜不断地盘,成本太大,当前的玉器收藏家大多采取文盘结合武盘的方法,既贴身佩戴,又时时拿在手中盘玩。不过无论采取什么样的盘玉方式,新坑玉器不可立马盘玩,须贴身藏一年后,等性质恢复了方可。

(3)盘玉禁忌。盘玉的禁忌很多,忌跌、忌冷热无常、忌火烤、忌酸、忌油污、忌尘土、忌化学物质,意盘还忌贪婪、忌狡诈,那些用各种化学药剂、烟熏火烤盘玉是暴殄天物,应该受到唾弃。广大玉器爱好者在购买时要注意识别。

2. 护玉

对于玉器,不仅要懂收藏,更要懂得保存方法。佩戴或盘摩是最好的保养方法。因为真正好的玉器,玉质致密,越戴越盘摩,越漂亮。而其他冒充仿冒者,由于质地疏松,或容易被氧化,则越戴越难看。不管是戴,还是盘、藏,都应该了解玉器的养护知识,以免造成不必要的损失。

(1)避免与硬物碰撞。玉器的材质一般硬度虽高,韧度也大,但是受碰撞后也很容易裂,特别是一些关键部位,如观音雕的手指。有时虽然用肉眼看不出裂纹,其实玉已产生暗裂纹,这就大大损害其完美度和经济价值了。

(2)尽可能避免灰尘。玉器若有灰尘,宜用软毛刷清洁。若有污垢或油渍等附于玉器表面,应以温的肥皂水刷洗,再用清水冲净。

(3)佩挂件不用时要放妥。最好是放进首饰袋或首饰盒内,以免擦伤或碰损。如是价值高的玉器,更应放置恰当,免积尘垢,影响透亮度。

(4)尽量避免与香水、化学试剂、肥皂和人体汗液接触。众所周知,汗液带有盐分、挥发性脂肪酸及尿素等,有些玉器接触太多的汗液,佩戴后又不即刻抹拭干净,即会受到侵蚀,使外层受损,影响本有的鲜艳度。

(5)避免阳光长期直射。玉器要避免在阳光下暴晒,因为有些玉材经暴晒后颜色会发生变化,有些玉材质地也会发生变化。

(6)要及时清洁。玉器佩挂要及时清洁,清洁时,要用柔软的白布抹拭,不宜使用染色布、纤维质的硬布料。

(7)要保持适宜的湿度。玉器的质地要靠一定的湿度来维持。其光泽度可能与湿度有关,若周围环境不保持一定的湿度,很干燥的话,玉器有可能会失水,影响光泽,从而失去其收藏的艺术和经济价值。

养玉护玉是玉器鉴藏家的至乐之趣,也是一种超然物外的享受,养护一件美玉,细细盘玩,于静谧中细品往事前尘,让自己的心情沾上玉的灵气。当岁月流逝如水,衰老的只是容颜,而心一如美玉,走过沧桑,走过爱恨,走过情仇,回眸之时,早已成器,能装事,能担事,能盛事。

主要参考文献

曹昕运,2015.小梅岭玉矿与良渚文化玉料来源再探[J].东南大学学报(哲学社会科学版),17(S2):182-184.

常书香,2017.承上启下的二里头玉器[N].洛阳日报,08-09.

陈连开,1999.中国民族史纲要[M].北京:中国财政经济出版社.

陈民镇,2009.良渚文化:虞代的考古学文化:兼论良渚文化的去向[J].绍兴文理学院学报(哲学社会科学版)(4):30-35

陈民镇,2009.良渚文化:虞代的考古学文化[J].绍兴文理学院学报(哲学社会科学报),29(4):24-29.

陈倩,2013.汉代玉器造型与纹饰研究[D].武汉:华中师范大学.

陈兴汉,1996.宝石加工工艺简介(一)[J].江西地质科技(2):36-45.

陈雪香,2003.二里头遗址墓葬出土玉器探析[J].中原文物(3):23-38.

陈延芳,1999.翡翠绿色的定量评定[J].矿物岩石地球化学通报(4):412-415.

陈莺,陈逸民,2011.良渚玉器的工艺特征(上)[J].文物鉴定与鉴赏(8):28-37.

戴苏兰,1999.玉石:玉饰之趣[M].北京:地质出版社.

邓聪,2002.玉器起源的一点认识[M].北京:紫禁城出版社.

杜金鹏,2018.殷墟妇好墓出土玉器研究[M].北京:科学出版社.

段玉裁[清],1981.说文解字注[M].上海:上海古籍出版社.

方泽,2003.中国玉器[M].天津:百花文艺出版社.

傅才武,2003.石头崇拜与中华玉文化的形成[J].江汉大学学报(人文科学版),22(4):42-47.

宫长为,2006.李学勤先生《虞夏商周研究的十个课题》跋[J],湖南科技学院学报(4):27.

龚元建,1995.玉·文化·旅游[J].资源开发与市场,11(5):240-242.

关晓萌,2009.磁山遗址惊现万年古玉改写中国玉文化史[N].燕赵都市报,08-04.

郭颖,2003.绿色翡翠同色异谱的色度学特征及评价[J]矿产与地质(2):59-62.

何松,2006.中国唐汉代玉器的历史贡献与文化艺术特征[J].超硬材料工程(6):51-54.

何松,2007.中国汉代玉器的主要特征与文化特色[J].超硬材料工程(1):55-59.

黄慰文,2009.小孤山:辽宁海城史前洞穴遗址综合研究[M].北京:科学出版社.

康兴民,白兴易,2013.旧石器时代穿孔饰品的起源与发展[J].中国包装(12):27-30.

孔祥龙,2013.贡赋制度与虞朝的建立[J].鸡西大学学报(1):46-47.

来建中,唐延龄,1997.和阗玉与中国玉文化[J].中国宝石,6(3):16-21.

李春英,2014.浅谈宋代玉器[J].理财·收藏(10):30-34.

李海清,顾祖伟,2003.玉雕设计构思要素的探讨[J].超硬材料与宝石,15(4):51-54.

李明,2006."美学大讨论"的反思[J].兰州学刊(2):70-71.

李勤美,2004.翡翠鉴别研究新趋势[J].珠宝科技(1):53-58.

李润桃,2008.《周礼》玉器类名词与周代玉文化[J].安阳工学院学报(3):81-84.

李文武,戴海陵,2014.《礼记》中虞夏商周礼、礼例及分类考[J].湖南第一师范学院学报,14(5),107-111.

李雯雯,1999.和田玉的颜色及其色度学研究[J].矿物岩石地球化学通报(4):212-216.

李泽厚,2003.美学三书[M].天津:天津社会科学出版社.

梁永铭,1979.宝石和玉石[M].北京:地质出版社.

廖宗廷,廖冠琳,2018.玉说中华上古史[M].武汉:中国地质大学出版社.

廖宗廷,周祖翼,周征宇,等,2015.中国玉石学概论[M].武汉:中国地质大学出版社.

刘道荣,王玉民,崔文智,2003.赏玉与琢玉[M].天津:百花文艺出版社.

刘德镒,2004.玉:中国民族文化的一块基石[J].国土资源导刊,1(1):59-60.

刘国祥,2004.东北文物考古论集[M].北京:科学出版社.

刘晓冉,2018.多元文化影响下的元代玉器造型研究[D].呼和浩特:内蒙古大学.

刘铮,2012.璧琮原始意义新考[J].古代文明,6(4):97-104.

柳诒徵,2013.中国文化史[M].长春:吉林人民出版社.

龙冬,2010.汉八刀琐谈[J].收藏(4):57-58.

卢保奇,2012.玉石学基础[M].上海:上海大学出版社.

吕敏超,2004.中国独有的玉石:鸡血石[J].国土资源导刊,1(5):54-55.

吕昕娱,2011.红山文化玉器类型探析[J].前沿(20):160-162.

栾秉璈,1984.怎样鉴定古玉器[M].北京:文物出版社.

罗琨,2006."有虞氏"谱系探析[J].中原文物(1):28-32

马黎,2020.看见5000年:良渚王国记事[M].杭州:浙江古籍出版社.

牛宏宝,2007.美学概论[M].北京:中国人民大学出版社.

裴文中,1955.中国旧石器时代的文化[J].科学通报(1):30-31.

彭花明,张莉萍,1997.宝石材料性质对宝石加工质量影响的研究[J].华东地质学院学报,20(4):384-388.

丘志力,2013.中国近现代玉石雕刻艺术:形成、分化和融合[C].中国会长2013中国珠宝首饰学术交流会论文集.

曲石,1991.中国玉器时代[M].太原:山西人民出版社.

史弘扬,2017.隋代李静训墓出土玉器研究[J].文物鉴定与鉴赏(3):94-95.

宋旭红,2007.巴尔塔萨神学美学思想研究[M].北京:宗教文化出版社.

孙庆伟,2018.周代用玉制度研究[M].上海:上海古籍出版社.

万斌,王学川,2007.论历史美的本质与特征[J].浙江学刊(10):4.

汪久文,2016.中国玉器时代与玉文化[M].北京:科学出版社.

王灿,2013.中国古代"三代""四代"历史意识溯源[J],东方论坛(1):6-12

王朝闻,2011.美学概论[M].北京:人民出版社.

王大有,2005.三皇五帝时代[M].北京:中国社会出版社.

王福泉,1993.宝石及宝石评价[M].北京,地质出版社.
王树民,2002.夏、商、周之前还有个虞朝[J].河北学刊,22(1):146-147.
王文清,2002.凌家滩文化应是"三皇"时代的有巢氏文化[J].东南文化(1):32-36.
席永杰,2011.兴隆洼文化研究述论[J].赤峰学院学报(汉文哲学社会科学版),32(2):1-3.
夏鼐,1985.中国文明的起源[M].北京:中国文物出版社.
谢晓燕,2011.齐家文化玉器研究[D].西安:西北师范大学.
徐鸿修,1990."有虞"为独立朝代说:兼论中国阶级社会的开端[J].宝鸡师院学报(社会科学版)(2):99-103.
薛富兴,2006.美学[M].合肥:安徽教育出版社.
薛世平,2006.玉在周代礼制中的文化蕴义[J].陕西理工学院学报(社会科学版),24(1):50-52.
杨伯达,2001.玉学理论的基本观点[J].中国宝石(2):132-137.
姚仕奇,1990.玉宝和中国玉文化[M].南京:江苏古籍出版社.
鱼海麟,2000.宝玉石概念及地质学分类方案探讨[J].中国非金属矿工业导刊(6):29-30.
曾卫胜,2010.宝玉之炼:曾卫胜珠宝宝石文集[M].北京:地质出版社.
张法,2004.美学导论[M].北京:中国人民大学出版社.
张华松,2003.关于大舜研究的两个问题[J].管子学刊(3):60-63.
张璐,2014.不朽的灵魂[J].青年文学家(29):182-183.
张文广,1993.古玉鉴识[M].桂林:广西师范大学出版社.
昭明,利群,1993.中国古代玉器[M].西安:西北大学出版社.
赵宾福,2006.兴隆洼文化的类型、分期与聚落结构研究[J].考古与文物(1):7-9.
赵朝洪,员雪梅,徐世炼,2005.辽海地区新石器时代玉器原料产地的初步探讨[M].北京:紫禁城出版社.
赵海燕,2012.城头山遗址:中国第一古城[J].老年人(4):50.
赵荦,2011.新石器时代中国玉器的区域特征[J].中原文物(6):29-38.
赵永恒,2011.唐虞夏商天象考[J].重庆文理学院学报(社会科学版)(2):102-105
钟华邦,1990.江苏省溧阳县透闪石岩研究[J].岩石矿物学杂志(2):37-42.
周南泉,2000.秦代玉器初探(一)[J].收藏家(12):55-58.
周颖,2006.明清玉器形态及文化内涵研究[D].苏州:苏州大学.
周宇杰,2015.夏代玉器的初步研究[D].沈阳:辽宁师范大学.
朱歌敏,2016.关中地区秦墓葬玉探析[J].文博(4):51-57.
朱光潜,2006.谈美:东西方美学的经典章述[M].北京:金城出版社.
朱志荣,2008.龙山文化陶器的审美特征[J].广东社会科学(3):153-157
HARLOW G E,SONRENSON S S,2001. Jade:Occurrence and Metasomatism Origin[J]. The Australian Gemmologist(21):7-11.
NEDDHAM J,1954. Science and Civilization in China[M]. London:Cambridge University Press.